TAILANDÊS

VOCABULÁRIO

PORTUGUÊS BRASILEIRO

PORTUGUÊS TAILANDÊS

Para alargar o seu léxico e apurar
as suas competências linguísticas

5000 palavras

Vocabulário Português Brasileiro-Tailandês - 5000 palavras

Por Andrey Taranov

Os vocabulários da T&P Books destinam-se a ajudar a aprender, a memorizar, e a rever palavras estrangeiras. O dicionário é dividido em temas, cobrindo todas as principais esferas de atividades quotidianas, negócios, ciência, cultura, etc.

O processo de aprendizagem, utilizando os dicionários baseados em temáticas da T&P Books dá-lhe as seguintes vantagens:

- Informação de origem corretamente agrupada predetermina o sucesso em fases subsequentes da memorização de palavras
- Disponibilização de palavras derivadas da mesma raiz, o que permite a memorização de unidades de texto (em vez de palavras separadas)
- Pequenas unidades de palavras facilitam o processo de estabelecimento de vínculos associativos necessários para a consolidação do vocabulário
- O nível de conhecimento da língua pode ser estimado pelo número de palavras aprendidas

T&P Books Publishing
www.tpbooks.com

ISBN: 978-1-78767-389-2

Este livro também está disponível em formato E-book.
Por favor visite www.tpbooks.com ou as principais livrarias on-line.

VOCABULÁRIO TAILANDÊS
palavras mais úteis

Os vocabulários da T&P Books destinam-se a ajudar a aprender, a memorizar, e a rever palavras estrangeiras. O vocabulário contém mais de 5000 palavras de uso comum organizadas tematicamente.

O vocabulário contém as palavras mais comummente usadas

Recomendado como adicional para qualquer curso de línguas

Satisfaz as necessidades dos iniciados e dos alunos avançados de línguas estrangeiras

Conveniente para o uso diário, sessões de revisão e atividades de auto-teste

Permite avaliar o seu vocabulário

Características especias do vocabulário

*   As palavras estão organizadas de acordo com o seu significado, e não por ordem alfabética
*   As palavras são apresentadas em três colunas para facilitar os processos de revisão e auto-teste
*   As palavras compostas são divididas em pequenos blocos para facilitar o processo de aprendizagem
*   O vocabulário oferece uma transcrição simples e adequada de cada palavra estrangeira

O vocabulário contém 155 tópicos incluindo:

Conceitos básicos, Números, Cores, Meses, Estações do ano, Unidades de medida, Roupas & Acessórios, Alimentos & Nutrição, Restaurante, Membros da Família, Parentes, Caráter, Sentimentos, Emoções, Doenças, Cidade, Passeios, Compras, Dinheiro, Casa, Lar, Escritório, Trabalho no Escritório, Importação & Exportação, Marketing, Pesquisa de Emprego, Esportes, Educação, Computador, Internet, Ferramentas, Natureza, Países, Nacionalidades e muito mais ...

TABELA DE CONTEÚDOS

GUIA DE PRONUNCIAÇÃO

Alfabeto fonético T&P	Exemplo tailandês	Exemplo Português
[a]	ห้า [hâ:] – hâa ˙	chamar
[e]	เป็นลม [pen lom] – bpen lom	metal
[i]	วินัย [wí? naj] – wí–nai	sinônimo
[o]	โกน [ko:n] – gohn	lobo
[u]	ขุนเคือง [kʰùn kʰɯ:aŋ] – khùn kheuang	bonita
[aa]	ราคา [ra: kʰa:] – raa–khaa	rapaz
[oo]	ภูมิใจ [pʰu:m tɕaj] – phoom jai	blusa
[ee]	บัญชี [ban tɕʰi:] – ban–chee	cair
[ɯ]	เดือน [dɯ:an] – deuan	Um [u] sem arredondar os lábios
[ɤ]	เงิน [ŋɤn] – ngern	O [u] Inglês, só que com os lábios arredondados
[ae]	แปล [plɛ:] – bplae	plateia
[ay]	เลข [lê:k] – lâyk	plateia
[ai]	ไปป์ [paj] – bpai	baixar
[oi]	โพย [pʰo:j] – phoi	moita
[ya]	สัญญา [sǎn ja:] – sǎn–yaa	Himalaias
[ɤ:i]	อบเชย [?òp tɕʰɤ:j] – òp–choie	Combinação [ə:i]
[i:a]	หน้าเซียว [nâ: si:aw] – nâa sieow	Kia Motors

Consoantes iniciais

[b]	บาง [ba:ŋ] – baang	barril
[d]	สีแดง [sǐ: dɛ:ŋ] – sěe daeng	dentista
[f]	มันฝรั่ง [man fà ràŋ] – man fà–ràng	safári
[h]	เฮลซิงกิ [he:n siŋ kì?] – hayn–sing–gì	[h] aspirada
[y]	ยี่สิบ [jî: sìp] – yêe sìp	Vietnã
[g]	กรง [kroŋ] – grorng	gosto
[kh]	เลขา [le: kʰǎ:] – lay–khǎa	[k] aspirada
[l]	เล็ก [lék] – lék	libra
[m]	เมลอน [me: lɔ:n] – may–lorn	magnólia
[n]	หนัง [nǎŋ] – nǎng	natureza
[ng]	เงือก [ŋɯ:ak] – ngêuak	alcançar
[bp]	เป็น [pen] – bpen	presente
[ph]	เผา [pʰàw] – phào	[p] aspirada
[r]	เบอร์รี่ [bɤ: rî:] – ber–rêe	riscar
[s]	ซ่อน [sôn] – sôrn	sanita
[dt]	ดนตรี [don tri:] – don–dtree	tulipa
[j]	ปั่นจั่น [pân tɕàn] – bpân jàn	tchetcheno

Alfabeto fonético T&P	Exemplo tailandês	Exemplo Português
[ch]	วิชา [wíʔ tɕʰaː] – wí–chaa	[tsch] aspirado
[th]	แถว [tʰɛːw] – thăe	[t] aspirada
[w]	เคียว [kʰiːaw] – khieow	página web

Consoantes finais

[k]	แม่เหล็ก [mɛː lèk] – mâe lèk	aquilo
[m]	เพิ่ม [pʰɤːm] – phêrm	magnólia
[n]	เนียน [niːan] – nian	natureza
[ng]	เป็นห่วง [pen hùːaŋ] – bpen hùang	alcançar
[p]	ไม่ขยับ [mâj kʰà ja p] – mâi khà–yàp	presente
[t]	ลูกเป็ด [lûːk pèt] – lôok bpèt	tulipa

Comentários

Tom médio - [ā] การคูณ [gaan khon]
Tom baixo - [à] แจกจ่าย [jàek jàai]
Tom descendente - [â] แต่ม [dtâem]
Tom alto - [á] แซ็กโซโฟน [sáek-soh-fohn]
Tom ascendente - [ǎ] เนินเขา [nern khǎo]

ABREVIATURAS
usadas no vocabulário

Abreviaturas do Português

adj	-	adjetivo
adv	-	advérbio
anim.	-	animado
conj.	-	conjunção
desp.	-	esporte
etc.	-	Etcetera
ex.	-	por exemplo
f	-	nome feminino
f pl	-	feminino plural
fem.	-	feminino
inanim.	-	inanimado
m	-	nome masculino
m pl	-	masculino plural
m, f	-	masculino, feminino
masc.	-	masculino
mat.	-	matemática
mil.	-	militar
pl	-	plural
prep.	-	preposição
pron.	-	pronome
sb.	-	sobre
sing.	-	singular
v aux	-	verbo auxiliar
vi	-	verbo intransitivo
vi, vt	-	verbo intransitivo, transitivo
vr	-	verbo reflexivo
vt	-	verbo transitivo

CONCEITOS BÁSICOS

Conceitos básicos. Parte 1

1. Pronomes

você	คุณ	khun
ele	เขา	khǎo
ela	เธอ	ther
ele, ela (neutro)	มัน	man
nós	เรา	rao
vocês	คุณทั้งหลาย	khun tháng lǎai
o senhor, -a	คุณ	khun
senhores, -as	คุณทั้งหลาย	khun tháng lǎai
eles	เขา	khǎo
elas	เธอ	ther

2. Cumprimentos. Saudações. Despedidas

Oi!	สวัสดี!	sà-wàt-dee
Olá!	สวัสดี ครับ/ค่ะ!	sà-wàt-dee khráp/khâ
Bom dia!	อรุณสวัสดี!	a-run sà-wàt
Boa tarde!	สวัสดีตอนบ่าย	sà-wàt-dee dtorn-bàai
Boa noite!	สวัสดีตอนค่ำ	sà-wàt-dee dtorn-khâm
cumprimentar (vt)	ทักทาย	thák thaai
Oi!	สวัสดี!	sà-wàt-dee
saudação (f)	คำทักทาย	kham thák thaai
saudar (vt)	ทักทาย	thák thaai
Como você está?	คุณสบายดีไหม?	khun sà-baai dee mǎi
Como vai?	สบายดีไหม?	sà-baai dee mǎi
E aí, novidades?	มีอะไรใหม?	mee à-rai mài
Tchau!	ลาก่อน!	laa gòrn
Até logo!	บาย!	baai
Até breve!	พบกันใหม่	phóp gan mài
Adeus! (sing.)	ลาก่อน!	laa gòrn
Adeus! (pl)	สวัสดี!	sà-wàt-dee
despedir-se (dizer adeus)	บอกลา	bòrk laa
Até mais!	ลาก่อน!	laa gòrn
Obrigado! -a!	ขอบคุณ!	khòrp khun
Muito obrigado! -a!	ขอบคุณมาก!	khòrp khun mâak
De nada	ยินดีช่วย	yin dee chûay
Não tem de quê	ไม่เป็นไร	mâi bpen rai

Não foi nada!	ไม่เป็นไร	mâi bpen rai
Desculpa!	ขอโทษที!	khŏr thôht thee
Desculpe!	ขอโทษ ครับ/ค่ะ!	khŏr thôht khráp / khâ
desculpar (vt)	ให้อภัย	hâi a-phai
desculpar-se (vr)	ขอโทษ	khŏr thôht
Me desculpe	ขอโทษ	khŏr thôht
Desculpe!	ขอโทษ!	khŏr thôht
perdoar (vt)	อภัย	a-phai
Não faz mal	ไม่เป็นไร!	mâi bpen rai
por favor	โปรด	bpròht
Não se esqueça!	อย่าลืม!	yàa leum
Com certeza!	แน่นอน!	nâe norn
Claro que não!	ไม่ใช่แน่!	mâi châi nâe
Está bem! De acordo!	โอเค!	oh-khay
Chega!	พอแล้ว	phor láew

3. Como se dirigir a alguém

Desculpe ...	ขอโทษ	khŏr thôht
senhor	ท่าน	thâan
senhora	คุณ	khun
senhorita	คุณ	khun
jovem	พ่อหนุ่ม	phôr nùm
menino	หนู	nŏo
menina	หนู	nŏo

4. Números cardinais. Parte 1

zero	ศูนย์	sŏon
um	หนึ่ง	nèung
dois	สอง	sŏrng
três	สาม	săam
quatro	สี่	sèe
cinco	ห้า	hâa
seis	หก	hòk
sete	เจ็ด	jèt
oito	แปด	bpàet
nove	เก้า	gâo
dez	สิบ	sìp
onze	สิบเอ็ด	sìp èt
doze	สิบสอง	sìp sŏrng
treze	สิบสาม	sìp săam
catorze	สิบสี่	sìp sèe
quinze	สิบห้า	sìp hâa
dezesseis	สิบหก	sìp hòk
dezessete	สิบเจ็ด	sìp jèt
dezoito	สิบแปด	sìp bpàet

dezenove	สิบเก้า	sìp gâo
vinte	ยี่สิบ	yêe sìp
vinte e um	ยี่สิบเอ็ด	yêe sìp èt
vinte e dois	ยี่สิบสอง	yêe sìp sŏrng
vinte e três	ยี่สิบสาม	yêe sìp săam
trinta	สามสิบ	săam sìp
trinta e um	สามสิบเอ็ด	săam-sìp-èt
trinta e dois	สามสิบสอง	săam-sìp-sŏrng
trinta e três	สามสิบสาม	săam-sìp-săam
quarenta	สี่สิบ	sèe sìp
quarenta e um	สี่สิบเอ็ด	sèe-sìp-èt
quarenta e dois	สี่สิบสอง	sèe-sìp-sŏrng
quarenta e três	สี่สิบสาม	sèe-sìp-săam
cinquenta	ห้าสิบ	hâa sìp
cinquenta e um	ห้าสิบเอ็ด	hâa-sìp-èt
cinquenta e dois	ห้าสิบสอง	hâa-sìp-sŏrng
cinquenta e três	หาสิบสาม	hâa-sìp-săam
sessenta	หกสิบ	hòk sìp
sessenta e um	หกสิบเอ็ด	hòk-sìp-èt
sessenta e dois	หกสิบสอง	hòk-sìp-sŏrng
sessenta e três	หกสิบสาม	hòk-sìp-săam
setenta	เจ็ดสิบ	jèt sìp
setenta e um	เจ็ดสิบเอ็ด	jèt-sìp-èt
setenta e dois	เจ็ดสิบสอง	jèt-sìp-sŏrng
setenta e três	เจ็ดสิบสาม	jèt-sìp-săam
oitenta	แปดสิบ	bpàet sìp
oitenta e um	แปดสิบเอ็ด	bpàet-sìp-èt
oitenta e dois	แปดสิบสอง	bpàet-sìp-sŏrng
oitenta e três	แปดสิบสาม	bpàet-sìp-săam
noventa	เก้าสิบ	gâo sìp
noventa e um	เก้าสิบเอ็ด	gâo-sìp-èt
noventa e dois	เก้าสิบสอง	gâo-sìp-sŏrng
noventa e três	เกาสิบสาม	gâo-sìp-săam

5. Números cardinais. Parte 2

cem	หนึ่งร้อย	nèung rói
duzentos	สองร้อย	sŏrng rói
trezentos	สามรอย	săam rói
quatrocentos	สี่รอย	sèe rói
quinhentos	หารอย	hâa rói
seiscentos	หกร้อย	hòk rói
setecentos	เจ็ดรอย	jèt rói
oitocentos	แปดรอย	bpàet rói
novecentos	เการอย	gâo rói
mil	หนึ่งพัน	nèung phan

dois mil	สองพัน	sŏrng phan
três mil	สามพัน	săam phan
dez mil	หนึ่งหมื่น	nèung mèun
cem mil	หนึ่งแสน	nèung săen
um milhão	ลาน	láan
um bilhão	พันลาน	phan láan

6. Números ordinais

primeiro (adj)	แรก	râek
segundo (adj)	ที่สอง	thêe sŏrng
terceiro (adj)	ที่สาม	thêe săam
quarto (adj)	ที่สี่	thêe sèe
quinto (adj)	ที่หา	thêe hâa
sexto (adj)	ที่หก	thêe hòk
sétimo (adj)	ที่เจ็ด	thêe jèt
oitavo (adj)	ที่แปด	thêe bpàet
nono (adj)	ที่เกา	thêe gâo
décimo (adj)	ที่สิบ	thêe sìp

7. Números. Frações

fração (f)	เศษส่วน	sàyt sùan
um meio	หนึ่งสวนสอง	nèung sùan sŏrng
um terço	หนึ่งสวนสาม	nèung sùan săam
um quarto	หนึ่งสวนสี่	nèung sùan sèe
um oitavo	หนึ่งสวนแปด	nèung sùan bpàet
um décimo	หนึ่งสวนสิบ	nèung sùan sìp
dois terços	สองสวนสาม	sŏrng sùan săam
três quartos	สามสวนสี่	săam sùan sèe

8. Números. Operações básicas

subtração (f)	การลบ	gaan lóp
subtrair (vi, vt)	ลบ	lóp
divisão (f)	การหาร	gaan hăan
dividir (vt)	หาร	hăan
adição (f)	การบวก	gaan bùak
somar (vt)	บวก	bùak
adicionar (vt)	เพิ่ม	phêrm
multiplicação (f)	การคูณ	gaan khon
multiplicar (vt)	คูณ	khoon

9. Números. Diversos

algarismo, dígito (m)	ตัวเลข	dtua lâyk
número (m)	เลข	lâyk

numeral (m)	ตัวเลข	dtua lâyk
menos (m)	เครื่องหมายลบ	khrêuang măai lóp
mais (m)	เครื่องหมายบวก	khrêuang măai bùak
fórmula (f)	สูตร	sòot
cálculo (m)	การนับ	gaan náp
contar (vt)	นับ	náp
calcular (vt)	นับ	náp
comparar (vt)	เปรียบเทียบ	bprìap thîap
Quanto?	เท่าไหร่?	thâo rài
Quantos? -as?	กี่...?	gèe…?
soma (f)	ผลรวม	phŏn ruam
resultado (m)	ผลลัพธ์	phŏn láp
resto (m)	ที่เหลือ	thêe lĕua
alguns, algumas …	สองสวม	sŏrng săam
pouco (~ tempo)	นิดหน่อย	nít nòi
poucos, poucas	น้อย	nói
resto (m)	ที่เหลือ	thêe lĕua
um e meio	หนึ่งครึ่ง	nèung khrêung
dúzia (f)	โหล	lŏh
ao meio	เป็นสองส่วน	bpen sŏrng sùan
em partes iguais	เท่าเทียมกัน	thâo thiam gan
metade (f)	ครึ่ง	khrêung
vez (f)	ครั้ง	khráng

10. Os verbos mais importantes. Parte 1

abrir (vt)	เปิด	bpèrt
acabar, terminar (vt)	จบ	jòp
aconselhar (vt)	แนะนำ	náe nam
adivinhar (vt)	คาดเดา	khâat dao
advertir (vt)	เตือน	dteuan
ajudar (vt)	ช่วย	chûay
almoçar (vi)	ทานอาหารเที่ยง	thaan aa-hăan thîang
alugar (~ um apartamento)	เช่า	châo
amar (pessoa)	รัก	rák
ameaçar (vt)	ขู่	khòo
anotar (escrever)	จด	jòt
apressar-se (vr)	รีบ	rêep
arrepender-se (vr)	เสียใจ	sĭa jai
assinar (vt)	ลงนาม	long naam
brincar (vi)	ลอเล่น	lór lên
brincar, jogar (vi, vt)	เล่น	lên
buscar (vt)	หา	hăa
caçar (vi)	ล่า	lâa
cair (vi)	ตก	dtòk

cavar (vt)	ขุด	khùt
chamar (~ por socorro)	เรียก	rîak
chegar (vi)	มา	maa
chorar (vi)	ร้องไห้	rórng hâi
começar (vt)	เริ่ม	rêrm
comparar (vt)	เปรียบเทียบ	bprìap thîap
concordar (dizer "sim")	เห็นด้วย	hěn dûay
confiar (vt)	เชื่อ	chêua
confundir (equivocar-se)	สับสน	sàp sŏn
conhecer (vt)	รู้จัก	róo jàk
contar (fazer contas)	นับ	náp
contar com …	พึ่งพา	phêung phaa
continuar (vt)	ทำต่อไป	tham dtòr bpai
controlar (vt)	ควบคุม	khûap khum
convidar (vt)	เชิญ	chern
correr (vi)	วิ่ง	wîng
criar (vt)	สร้าง	sâang
custar (vt)	ราคา	raa-khaa

11. Os verbos mais importantes. Parte 2

dar (vt)	ให้	hâi
dar uma dica	บอกใบ้	bòrk bâi
decorar (enfeitar)	ประดับ	bprà-dàp
defender (vt)	ปกป้อง	bpòk bpôrng
deixar cair (vt)	ทิ้งให้ตก	thíng hâi dtòk
descer (para baixo)	ลง	long
desculpar (vt)	ให้อภัย	hâi a-phai
desculpar-se (vr)	ขอโทษ	khŏr thôht
dirigir (~ uma empresa)	บริหาร	bor-rí-hǎan
discutir (notícias, etc.)	หารือ	hǎa-reu
disparar, atirar (vi)	ยิง	ying
dizer (vt)	บอก	bòrk
duvidar (vt)	สงสัย	sŏng-sǎi
encontrar (achar)	พบ	phóp
enganar (vt)	หลอก	lòrk
entender (vt)	เข้าใจ	khâo jai
entrar (na sala, etc.)	เข้า	khâo
enviar (uma carta)	ส่ง	sòng
errar (enganar-se)	ทำผิด	tham phìt
escolher (vt)	เลือก	lêuak
esconder (vt)	ซ่อน	sôrn
escrever (vt)	เขียน	khǐan
esperar (aguardar)	รอ	ror
esperar (ter esperança)	หวัง	wǎng
esquecer (vt)	ลืม	leum
estudar (vt)	เรียน	rian

exigir (vt)	เรียกร้อง	rîak rórng
existir (vi)	มีอยู่	mee yòo
explicar (vt)	อธิบาย	à-thí-baai
falar (vi)	พูด	phôot
faltar (a la escuela, etc.)	พลาด	phlâat
fazer (vt)	ทำ	tham
ficar em silêncio	นิ่งเงียบ	nîng ngîap
gabar-se (vr)	โอ้อวด	ôh ùat
gostar (apreciar)	ชอบ	chôrp
gritar (vi)	ตะโกน	dtà-gohn
guardar (fotos, etc.)	รักษา	rák-săa
informar (vt)	แจง	jâeng
insistir (vi)	ยืนยัน	yeun yan
insultar (vt)	ดูถูก	doo thòok
interessar-se (vr)	สนใจใน	sŏn jai nai
ir (a pé)	ไป	bpai
ir nadar	ไปว่ายน้ำ	bpai wâai náam
jantar (vi)	ทานอาหารเย็น	thaan aa-hăan yen

12. Os verbos mais importantes. Parte 3

ler (vt)	อ่าน	àan
libertar, liberar (vt)	ปลดปล่อย	bplòt bplòi
matar (vt)	ฆ่า	khâa
mencionar (vt)	กลาวถึง	glàao thěung
mostrar (vt)	แสดง	sà-daeng
mudar (modificar)	เปลี่ยน	bplìan
nadar (vi)	ว่ายน้ำ	wâai náam
negar-se a ... (vr)	ปฏิเสธ	bpà-dtì-sàyt
objetar (vt)	คาน	kháan
observar (vt)	สังเกตการณ์	săng-gàyt gaan
ordenar (mil.)	สั่งการ	sàng gaan
ouvir (vt)	ได้ยิน	dâai yin
pagar (vt)	จ่าย	jàai
parar (vi)	หยุด	yùt
parar, cessar (vt)	หยุด	yùt
participar (vi)	มีส่วนรวม	mee sùan rûam
pedir (comida, etc.)	สั่ง	sàng
pedir (um favor, etc.)	ขอ	khŏr
pegar (tomar)	เอา	ao
pegar (uma bola)	จับ	jàp
pensar (vi, vt)	คิด	khít
perceber (ver)	สังเกต	săng-gàyt
perdoar (vt)	ให้อภัย	hâi a-phai
perguntar (vt)	ถาม	thăam
permitir (vt)	อนุญาต	a-nú-yâat
pertencer a ... (vi)	เป็นของของ...	bpen khŏrng khŏrng...

planejar (vt)	วางแผน	waang phǎen
poder (~ fazer algo)	สามารถ	sǎa-mâat
possuir (uma casa, etc.)	เป็นเจ้าของ	bpen jâo khǒrng

preferir (vt)	ชอบ	chôrp
preparar (vt)	ทำอาหาร	tham aa-hǎan
prever (vt)	คาดหวัง	khâat wǎng
prometer (vt)	สัญญา	sǎn-yaa
pronunciar (vt)	ออกเสียง	òrk sǐang

propor (vt)	เสนอ	sà-něr
punir (castigar)	ลงโทษ	long thôht
quebrar (vt)	แตก	dtàek
queixar-se de ...	บ่น	bòn
querer (desejar)	ต้องการ	dtôrng gaan

13. Os verbos mais importantes. Parte 4

ralhar, repreender (vt)	ดุด่า	dù dàa
recomendar (vt)	แนะนำ	náe nam
repetir (dizer outra vez)	ซ้ำ	sám
reservar (~ um quarto)	จอง	jorng
responder (vt)	ตอบ	dtòrp

rezar, orar (vi)	ภาวนา	phaa-wá-naa
rir (vi)	หัวเราะ	hǔa rór
roubar (vt)	ขโมย	khà-moi
saber (vt)	รู้	róo
sair (~ de casa)	ออกไป	òrk bpai

salvar (resgatar)	กู้	gôo
seguir (~ alguém)	ไปตาม...	bpai dtaam...
sentar-se (vr)	นั่ง	nâng
ser necessário	ต้องการ	dtôrng gaan

ser, estar	เป็น	bpen
significar (vt)	หมาย	mǎai
sorrir (vi)	ยิ้ม	yím
subestimar (vt)	ดูถูก	doo thòok
surpreender-se (vr)	ประหลาดใจ	bprà-làat jai

tentar (~ fazer)	พยายาม	phá-yaa-yaam
ter (vt)	มี	mee
ter fome	หิว	hǐw

ter medo	กลัว	glua
ter sede	กระหายน้ำ	grà-hǎai náam
tocar (com as mãos)	แตะต้อง	dtàe dtôrng
tomar café da manhã	ทานอาหารเช้า	thaan aa-hǎan cháo
trabalhar (vi)	ทำงาน	tham ngaan
traduzir (vt)	แปล	bplae

| unir (vt) | สมาน | sà-mǎan |
| vender (vt) | ขาย | khǎai |

ver (vt)	เห็น	hĕn
virar (~ para a direita)	เลี้ยว	líeow
voar (vi)	บิน	bin

14. Cores

cor (f)	สี	sĕe
tom (m)	สีอ่อน	sĕe òrn
tonalidade (m)	สีสัน	sĕe săn
arco-íris (m)	สายรุ้ง	săai rúng
branco (adj)	สีขาว	sĕe khăao
preto (adj)	สีดำ	sĕe dam
cinza (adj)	สีเทา	sĕe thao
verde (adj)	สีเขียว	sĕe khĭeow
amarelo (adj)	สีเหลือง	sĕe lĕuang
vermelho (adj)	สีแดง	sĕe daeng
azul (adj)	สีน้ำเงิน	sĕe nám ngern
azul claro (adj)	สีฟ้า	sĕe fáa
rosa (adj)	สีชมพู	sĕe chom-poo
laranja (adj)	สีส้ม	sĕe sôm
violeta (adj)	สีม่วง	sĕe mûang
marrom (adj)	สีน้ำตาล	sĕe nám dtaan
dourado (adj)	สีทอง	sĕe thorng
prateado (adj)	สีเงิน	sĕe ngern
bege (adj)	สีน้ำตาลอ่อน	sĕe nám dtaan òrn
creme (adj)	สีครีม	sĕe khreem
turquesa (adj)	สีเขียวแกม	sĕe khĭeow gaem
	น้ำเงิน	náam ngern
vermelho cereja (adj)	สีแดงเชอร์รี่	sĕe daeng cher-rêe
lilás (adj)	สีม่วงอ่อน	sĕe mûang-òrn
carmim (adj)	สีแดงเข้ม	sĕe daeng khâym
claro (adj)	อ่อน	òrn
escuro (adj)	แก่	gàe
vivo (adj)	สด	sòt
de cor	สี	sĕe
a cores	สี	sĕe
preto e branco (adj)	ขาวดำ	khăao-dam
unicolor (de uma só cor)	สีเดียว	sĕe dieow
multicolor (adj)	หลากสี	làak sĕe

15. Questões

Quem?	ใคร?	khrai
O que?	อะไร?	a-rai
Onde?	ที่ไหน?	thêe năi

Para onde?	ที่ไหน?	thêe nǎi
De onde?	จากที่ไหน?	jàak thêe nǎi
Quando?	เมื่อไหร่?	mêua rài
Para quê?	ทำไม?	tham-mai
Por quê?	ทำไม?	tham-mai

Para quê?	เพื่ออะไร?	phêua a-rai
Como?	อย่างไร?	yàang rai
Qual (~ é o problema?)	อะไร?	a-rai
Qual (~ deles?)	ไหน?	nǎi

A quem?	สำหรับใคร?	sǎm-ràp khrai
De quem?	เกี่ยวกับใคร?	gìeow gàp khrai
Do quê?	เกี่ยวกับอะไร?	gìeow gàp a-rai
Com quem?	กับใคร?	gàp khrai

Quantos? -as?	กี่..?	gèe...?
Quanto?	เทาไหร่?	thâo rài
De quem? (masc.)	ของใคร?	khǒrng khrai

16. Preposições

com (prep.)	กับ	gàp
sem (prep.)	ปราศจาก	bpràat-sà-jàak
a, para (exprime lugar)	ไปที่	bpai thêe
sobre (ex. falar ~)	เกี่ยวกับ	gìeow gàp
antes de ...	ก่อน	gòrn
em frente de ...	หน้า	nâa

debaixo de ...	ใต้	dtâi
sobre (em cima de)	เหนือ	něua
em ..., sobre ...	บน	bon
de, do (sou ~ Rio de Janeiro)	จาก	jàak
de (feito ~ pedra)	ทำใช้	tham chái

| em (~ 3 dias) | ใน | nai |
| por cima de ... | ขาม | khâam |

17. Palavras funcionais. Advérbios. Parte 1

Onde?	ที่ไหน?	thêe nǎi
aqui	ที่นี่	thêe nêe
lá, ali	ที่นั่น	thêe nân

| em algum lugar | ที่ใดที่หนึ่ง | thêe dai thêe nèung |
| em lugar nenhum | ไม่มีที่ไหน | mâi mee thêe nǎi |

| perto de ... | ข้าง | khâang |
| perto da janela | ขางหน้าต่าง | khâang nâa dtàang |

| Para onde? | ที่ไหน? | thêe nǎi |
| aqui | ที่นี่ | thêe nêe |

para lá	ที่นั่น	thêe nân
daqui	จากที่นี่	jàak thêe nêe
de lá, dali	จากที่นั่น	jàak thêe nân
perto	ใกล้	glâi
longe	ไกล	glai
perto de ...	ใกล้	glâi
à mão, perto	ใกล้ๆ	glâi glâi
não fica longe	ไม่ไกล	mâi glai
esquerdo (adj)	ซ้าย	sáai
à esquerda	ทางซ้าย	khâang sáai
para a esquerda	ซ้าย	sáai
direito (adj)	ขวา	khwǎa
à direita	ขางขวา	khâang kwǎa
para a direita	ขวา	khwǎa
em frente	ข้างหน้า	khâang nâa
da frente	หน้า	nâa
adiante (para a frente)	หนา	nâa
atrás de ...	ข้างหลัง	khâang lǎng
de trás	จากข้างหลัง	jàak khâang lǎng
para trás	หลัง	lǎng
meio (m), metade (f)	กลาง	glaang
no meio	ตรงกลาง	dtrorng glaang
do lado	ข้าง	khâang
em todo lugar	ทุกที่	thúk thêe
por todos os lados	รอบ	rôrp
de dentro	จากข้างใน	jàak khâang nai
para algum lugar	ที่ไหน	thêe nǎi
diretamente	ตรงไป	dtrorng bpai
de volta	กลับ	glàp
de algum lugar	จากที่ใด	jàak thêe dai
de algum lugar	จากที่ใด	jàak thêe dai
em primeiro lugar	ข้อที่หนึ่ง	khôr thêe nèung
em segundo lugar	ขอที่สอง	khôr thêe sǒrng
em terceiro lugar	ขอที่สาม	khôr thêe sǎam
de repente	ในทันที	nai than thee
no início	ตอนแรก	dtorn-râek
pela primeira vez	เป็นครั้งแรก	bpen khráng râek
muito antes de ...	นานก่อน	naan gòrn
de novo	ใหม	mài
para sempre	ใหจบสิ้น	hâi jòp sîn
nunca	ไม่เคย	mâi khoie
de novo	อีกครั้งหนึ่ง	èek khráng nèung
agora	ตอนนี้	dtorn-née

frequentemente	บ่อย	bòi
então	เวลานั้น	way-laa nán
urgentemente	อย่างเร่งด่วน	yàang râyng dùan
normalmente	มักจะ	mák jà
a propósito, ...	อนึ่ง	à-nèung
é possível	เป็นไปได้	bpen bpai dâai
provavelmente	อาจจะ	àat jà
talvez	อาจจะ	àat jà
além disso, ...	นอกจากนั้น...	nôrk jàak nán...
por isso ...	นั่นเป็นเหตุผลที่...	nân bpen hàyt phŏn thêe...
apesar de ...	แม้ว่า...	máe wâa...
graças a ...	เนื่องจาก...	nêuang jàak...
que (pron.)	อะไร	a-rai
que (conj.)	ที่	thêe
algo	อะไร	a-rai
alguma coisa	อะไรก็ตาม	a-rai gôr dtaam
nada	ไม่มีอะไร	mâi mee a-rai
quem	ใคร	khrai
alguém (~ que ...)	บางคน	baang khon
alguém (com ~)	บางคน	baang khon
ninguém	ไม่มีใคร	mâi mee khrai
para lugar nenhum	ไม่ไปไหน	mâi bpai năi
de ninguém	ไม่เป็นของ ของใคร	mâi bpen khŏrng khŏrng khrai
de alguém	ของคนหนึ่ง	khŏrng khon nèung
tão	มาก	mâak
também (gostaria ~ de ...)	ด้วย	dûay
também (~ eu)	ด้วย	dûay

18. Palavras funcionais. Advérbios. Parte 2

Por quê?	ทำไม?	tham-mai
por alguma razão	เพราะเหตุผลอะไร	phrór hàyt phŏn à-rai
porque ...	เพราะว่า...	phrór wâa
por qualquer razão	ด้วยจุดประสงค์อะไร	dûay jùt bprà-sŏng a-rai
e (tu ~ eu)	และ	láe
ou (ser ~ não ser)	หรือ	rĕu
mas (porém)	แต่	dtàe
para (~ a minha mãe)	สำหรับ	săm-ràp
muito, demais	เกินไป	gern bpai
só, somente	เท่านั้น	thâo nán
exatamente	ตรง	dtrorng
cerca de (~ 10 kg)	ประมาณ	bprà-maan
aproximadamente	ประมาณ	bprà-maan
aproximado (adj)	ประมาณ	bprà-maan
quase	เกือบ	gèuap

resto (m)	ที่เหลือ	thêe lĕua
o outro (segundo)	อีก	èek
outro (adj)	อื่น	èun
cada (adj)	ทุก	thúk
qualquer (adj)	ใดๆ	dai dai
muitos, muitas	หลาย	lăai
muito	มาก	mâak
muitas pessoas	หลายคน	lăai khon
todos	ทุกๆ	thúk thúk
em troca de ...	ที่จะเปลี่ยนเป็น	thêe jà bplìan bpen
em troca	แทน	thaen
à mão	ใช้มือ	chái meu
pouco provável	แทบจะไม่	thâep jà mâi
provavelmente	อาจจะ	àat jà
de propósito	โดยเจตนา	doi jàyt-dtà-naa
por acidente	บังเอิญ	bang-ern
muito	มาก	mâak
por exemplo	ยกตัวอย่าง	yók dtua yàang
entre	ระหว่าง	rá-wàang
entre (no meio de)	ทามกลาง	tâam-glaang
tanto	มากมาย	mâak maai
especialmente	โดยเฉพาะ	doi chà-phór

Conceitos básicos. Parte 2

19. Dias da semana

segunda-feira (f)	วันจันทร์	wan jan
terça-feira (f)	วันอังคาร	wan ang-khaan
quarta-feira (f)	วันพุธ	wan phút
quinta-feira (f)	วันพฤหัสบดี	wan phá-réu-hàt-sà-bor-dee
sexta-feira (f)	วันศุกร์	wan sùk
sábado (m)	วันเสาร์	wan săo
domingo (m)	วันอาทิตย์	wan aa-thít
hoje	วันนี้	wan née
amanhã	พรุ่งนี้	phrûng-née
depois de amanhã	วันมะรืนนี้	wan má-reun née
ontem	เมื่อวานนี้	mêua waan née
anteontem	เมื่อวานซืนนี้	mêua waan-seun née
dia (m)	วัน	wan
dia (m) de trabalho	วันทำงาน	wan tham ngaan
feriado (m)	วันนักขัตฤกษ์	wan nák-khàt-rêrk
dia (m) de folga	วันหยุด	wan yùt
fim (m) de semana	วันสุดสัปดาห์	wan sùt sàp-daa
o dia todo	ทั้งวัน	tháng wan
no dia seguinte	วันรุ่งขึ้น	wan rûng khêun
há dois dias	สองวันก่อน	sŏrng wan gòrn
na véspera	วันก่อนหน้านี้	wan gòrn nâa née
diário (adj)	รายวัน	raai wan
todos os dias	ทุกวัน	thúk wan
semana (f)	สัปดาห์	sàp-daa
na semana passada	สัปดาห์ก่อน	sàp-daa gòrn
semana que vem	สัปดาห์หน้า	sàp-daa nâa
semanal (adj)	รายสัปดาห์	raai sàp-daa
toda semana	ทุกสัปดาห์	thúk sàp-daa
duas vezes por semana	สัปดาห์ละสองครั้ง	sàp-daa lá sŏrng khráng
toda terça-feira	ทุกวันอังคาร	túk wan ang-khaan

20. Horas. Dia e noite

manhã (f)	เช้า	cháo
de manhã	ตอนเช้า	dtorn cháo
meio-dia (m)	เที่ยงวัน	thîang wan
à tarde	ตอนบาย	dtorn bàai
tardinha (f)	เย็น	yen
à tardinha	ตอนเย็น	dtorn yen

noite (f)	คืน	kheun
à noite	กลางคืน	glaang kheun
meia-noite (f)	เที่ยงคืน	thîang kheun

segundo (m)	วินาที	wí-naa-thee
minuto (m)	นาที	naa-thee
hora (f)	ชั่วโมง	chûa mohng
meia hora (f)	ครึ่งชั่วโมง	khrêung chûa mohng
quarto (m) de hora	สิบห้านาที	sìp hâa naa-thee
quinze minutos	สิบห้านาที	sìp hâa naa-thee
vinte e quatro horas	24 ชั่วโมง	yêe sìp sèe · chûa mohng

nascer (m) do sol	พระอาทิตย์ขึ้น	phrá aa-thít khêun
amanhecer (m)	ใกล้รุ่ง	glâi rûng
madrugada (f)	เช้า	cháo
pôr-do-sol (m)	พระอาทิตย์ตก	phrá aa-thít dtòk

de madrugada	ตอนนี้เช้า	dtorn cháo
esta manhã	เช้านี้	cháo née
amanhã de manhã	พรุงนี้เช้า	phrûng-née cháo

esta tarde	บ่ายนี้	bàai née
à tarde	ตอนบ่าย	dtorn bàai
amanhã à tarde	พรุงนี้บ่าย	phrûng-née bàai

| esta noite, hoje à noite | คืนนี้ | kheun née |
| amanhã à noite | คืนพรุงนี้ | kheun phrûng-née |

às três horas em ponto	3 โมงตรง	sǎam mohng dtrorng
por volta das quatro	ประมาณ 4 โมง	bprà-maan sèe mohng
às doze	ภายใน 12 โมง	phaai nai sìp sǒng mohng

em vinte minutos	อีก 20 นาที	èek yêe sìp naa-thee
em uma hora	อีกหนึ่งชั่วโมง	èek nèung chûa mohng
a tempo	ทันเวลา	than way-laa

… um quarto para	อีกสิบห้านาที	èek sìp hâa naa-thee
dentro de uma hora	ภายในหนึ่งชั่วโมง	phaai nai nèung chûa mohng
a cada quinze minutos	ทุก 15 นาที	thúk sìp hâa naa-thee
as vinte e quatro horas	ทั้งวัน	tháng wan

21. Meses. Estações

janeiro (m)	มกราคม	mók-gà-raa khom
fevereiro (m)	กุมภาพันธ์	gum-phaa phan
março (m)	มีนาคม	mee-naa khom
abril (m)	เมษายน	may-sǎa-yon
maio (m)	พฤษภาคม	phréut-sà-phaa khom
junho (m)	มิถุนายน	mí-thù-naa-yon

julho (m)	กรกฎาคม	gà-rá-gà-daa-khom
agosto (m)	สิงหาคม	sǐng hǎa khom
setembro (m)	กันยายน	gan-yaa-yon
outubro (m)	ตุลาคม	dtù-laa khom

novembro (m)	พฤศจิกายน	phréut-sà-jì-gaa-yon
dezembro (m)	ธันวาคม	than-waa khom

primavera (f)	ฤดูใบไม้ผลิ	réu-doo bai máai phlì
na primavera	ฤดูใบไม้ผลิ	réu-doo bai máai phlì
primaveril (adj)	ฤดูใบไม้ผลิ	réu-doo bai máai phlì

verão (m)	ฤดูร้อน	réu-doo rórn
no verão	ฤดูร้อน	réu-doo rórn
de verão	ฤดูร้อน	réu-doo rórn

outono (m)	ฤดูใบไม้ร่วง	réu-doo bai máai rûang
no outono	ฤดูใบไม้ร่วง	réu-doo bai máai rûang
outonal (adj)	ฤดูใบไมรวง	réu-doo bai máai rûang

inverno (m)	ฤดูหนาว	réu-doo năao
no inverno	ฤดูหนาว	réu-doo năao
de inverno	ฤดูหนาว	réu-doo năao

mês (m)	เดือน	deuan
este mês	เดือนนี้	deuan née
mês que vem	เดือนหน้า	deuan nâa
no mês passado	เดือนที่แลว	deuan thêe láew

um mês atrás	หนึ่งเดือนก่อนหน้านี้	nèung deuan gòrn nâa née
em um mês	อีกหนึ่งเดือน	èek nèung deuan
em dois meses	อีกสองเดือน	èek sŏrng deuan
todo o mês	ทั้งเดือน	tháng deuan
um mês inteiro	ตลอดทั้งเดือน	dtà-lòrt tháng deuan

mensal (adj)	รายเดือน	raai deuan
mensalmente	ทุกเดือน	thúk deuan
todo mês	ทุกเดือน	thúk deuan
duas vezes por mês	เดือนละสองครั้ง	deuan lá sŏrng kráng

ano (m)	ปี	bpee
este ano	ปีนี้	bpee née
ano que vem	ปีหน้า	bpee nâa
no ano passado	ปีที่แลว	bpee thêe láew

há um ano	หนึ่งปีก่อน	nèung bpee gòrn
em um ano	อีกหนึ่งปี	èek nèung bpee
dentro de dois anos	อีกสองปี	èek sŏng bpee
todo o ano	ทั้งปี	tháng bpee
um ano inteiro	ตลอดทั้งปี	dtà-lòrt tháng bpee

cada ano	ทุกปี	thúk bpee
anual (adj)	รายปี	raai bpee
anualmente	ทุกปี	thúk bpee
quatro vezes por ano	ปีละสี่ครั้ง	bpee lá sèe khráng

data (~ de hoje)	วันที่	wan thêe
data (ex. ~ de nascimento)	วันเดือนปี	wan deuan bpee
calendário (m)	ปฏิทิน	bpà-dtì-thin
meio ano	ครึ่งปี	khrêung bpee
seis meses	หกเดือน	hòk deuan

| estação (f) | ฤดูกาล | réu-doo gaan |
| século (m) | ศตวรรษ | sà-dtà-wát |

22. Unidades de medida

peso (m)	น้ำหนัก	nám nàk
comprimento (m)	ความยาว	khwaam yaao
largura (f)	ความกว้าง	khwaam gwâang
altura (f)	ความสูง	khwaam sŏong
profundidade (f)	ความลึก	khwaam léuk
volume (m)	ปริมาณ	bpà-rí-maan
área (f)	บริเวณ	bor-rí-wayn

grama (m)	กรัม	gram
miligrama (m)	มิลลิกรัม	min-lí gram
quilograma (m)	กิโลกรัม	gì-loh gram
tonelada (f)	ตัน	dtan
libra (453,6 gramas)	ปอนด์	bporn
onça (f)	ออนซ์	orn

metro (m)	เมตร	máyt
milímetro (m)	มิลลิเมตร	min-lí mâyt
centímetro (m)	เซ็นติเมตร	sen dtì mâyt
quilômetro (m)	กิโลเมตร	gì-loh máyt
milha (f)	ไมล	mai

polegada (f)	นิ้ว	níw
pé (304,74 mm)	ฟุต	fút
jarda (914,383 mm)	หลา	lăa

| metro (m) quadrado | ตารางเมตร | dtaa-raang máyt |
| hectare (m) | เฮกตาร์ | hêek dtaa |

litro (m)	ลิตร	lít
grau (m)	องศา	ong-săa
volt (m)	โวลต์	wohn
ampère (m)	แอมแปร์	aem-bpae
cavalo (m) de potência	แรงม้า	raeng máa

quantidade (f)	จำนวน	jam-nuan
um pouco de ...	นิดหน่อย	nít nói
metade (f)	ครึ่ง	khrêung

| dúzia (f) | โหล | lŏh |
| peça (f) | ส่วน | sùan |

| tamanho (m), dimensão (f) | ขนาด | khà-nàat |
| escala (f) | มาตราส่วน | mâat-dtraa sùan |

mínimo (adj)	น้อยที่สุด	nói thêe sùt
menor, mais pequeno	เล็กที่สุด	lék thêe sùt
médio (adj)	กลาง	glaang
máximo (adj)	สูงสุด	sŏong sùt
maior, mais grande	ใหญ่ที่สุด	yài têe sùt

23. Recipientes

pote (m) de vidro	ขวดโหล	khùat lŏh
lata (~ de cerveja)	กระป๋อง	grà-bpŏrng
balde (m)	ถัง	thăng
barril (m)	ถัง	thăng
bacia (~ de plástico)	กะทะ	gà-thá
tanque (m)	ถังเก็บน้ำ	thăng gèp nám
cantil (m) de bolso	กระติกน้ำ	grà-dtìk nám
galão (m) de gasolina	ภาชนะ	phaa-chá-ná
cisterna (f)	ถังบรรจุ	thăng ban-jù
caneca (f)	แก้ว	gâew
xícara (f)	ถ้วย	thûay
pires (m)	จานรอง	jaan rorng
copo (m)	แก้ว	gâew
taça (f) de vinho	แก้วไวน์	gâew wai
panela (f)	หม้อ	môr
garrafa (f)	ขวด	khùat
gargalo (m)	ปาก	bpàak
jarra (f)	คนโท	khon-thoh
jarro (m)	เหยือก	yèuak
recipiente (m)	ภาชนะ	phaa-chá-ná
pote (m)	หม้อ	môr
vaso (m)	แจกัน	jae-gan
frasco (~ de perfume)	กระติก	grà-dtìk
frasquinho (m)	ขวดเล็ก	khùat lék
tubo (m)	หลอด	lòrt
saco (ex. ~ de açúcar)	ถุง	thŭng
sacola (~ plastica)	ถุง	thŭng
maço (de cigarros, etc.)	ซอง	sorng
caixa (~ de sapatos, etc.)	กล่อง	glòrng
caixote (~ de madeira)	ลัง	lang
cesto (m)	ตะกร้า	dtà-grâa

O SER HUMANO

O ser humano. O corpo

24. Cabeça

cabeça (f)	หัว	hŭa
rosto, cara (f)	หน้า	nâa
nariz (m)	จมูก	jà-mòok
boca (f)	ปาก	bpàak
olho (m)	ตา	dtaa
olhos (m pl)	ตา	dtaa
pupila (f)	รูม่านตา	roo mâan dtaa
sobrancelha (f)	คิ้ว	khíw
cílio (f)	ขนตา	khŏn dtaa
pálpebra (f)	เปลือกตา	bplèuak dtaa
língua (f)	ลิ้น	lín
dente (m)	ฟัน	fan
lábios (m pl)	ริมฝีปาก	rim fĕe bpàak
maçãs (f pl) do rosto	โหนกแก้ม	nòhk gâem
gengiva (f)	เหงือก	ngèuak
palato (m)	เพดานปาก	phay-daan bpàak
narinas (f pl)	รูจมูก	roo jà-mòok
queixo (m)	คาง	khaang
mandíbula (f)	ขากรรไกร	khăa gan-grai
bochecha (f)	แก้ม	gâem
testa (f)	หน้าผาก	nâa phàak
têmpora (f)	ขมับ	khà-màp
orelha (f)	หู	hŏo
costas (f pl) da cabeça	หลังศรีษะ	lăng sĕe-sà
pescoço (m)	คอ	khor
garganta (f)	ลำคอ	lam khor
cabelo (m)	ผม	phŏm
penteado (m)	ทรงผม	song phŏm
corte (m) de cabelo	ทรงผม	song phŏm
peruca (f)	ผมปลอม	phŏm bplorm
bigode (m)	หนวด	nùat
barba (f)	เครา	krao
ter (~ barba, etc.)	ลองไว้	lorng wái
trança (f)	ผมเปีย	phŏm bpia
suíças (f pl)	จอน	jorn
ruivo (adj)	ผมแดง	phŏm daeng
grisalho (adj)	ผมหงอก	phŏm ngòrk

careca (adj)	หัวล้าน	hǔa láan
calva (f)	หัวลาน	hǔa láan

rabo-de-cavalo (m)	ผมทรงหางม้า	phǒm song hǎang máa
franja (f)	ผมม้า	phǒm máa

25. Corpo humano

mão (f)	มือ	meu
braço (m)	แขน	khǎen

dedo (m)	นิ้ว	níw
dedo (m) do pé	นิ้วเท้า	níw tháo
polegar (m)	นิ้วโป้ง	níw bpôhng
dedo (m) mindinho	นิ้วก้อย	níw gôi
unha (f)	เล็บ	lép

punho (m)	กำปั้น	gam bpân
palma (f)	ฝ่ามือ	fàa meu
pulso (m)	ข้อมือ	khôr meu
antebraço (m)	แขนช่วงล่าง	khǎen chûang lâang
cotovelo (m)	ข้อศอก	khôr sòrk
ombro (m)	ไหล่	lài

perna (f)	ขา	khǎa
pé (m)	เท้า	tháo
joelho (m)	หัวเข่า	hǔa khào
panturrilha (f)	น่อง	nôrng
quadril (m)	สะโพก	sà-phôhk
calcanhar (m)	ส้นเท้า	sôn tháo

corpo (m)	ร่างกาย	râang gaai
barriga (f), ventre (m)	ท้อง	thórng
peito (m)	อก	òk
seio (m)	หน้าอก	nâa òk
lado (m)	ข้าง	khâang
costas (dorso)	หลัง	lǎng
região (f) lombar	หลังส่วนล่าง	lǎng sùan lâang
cintura (f)	เอว	eo

umbigo (m)	สะดือ	sà-deu
nádegas (f pl)	ก้น	gôn
traseiro (m)	ก้น	gôn

sinal (m), pinta (f)	ไฝเสน่ห์	fǎi sà-này
sinal (m) de nascença	ปาน	bpaan
tatuagem (f)	รอยสัก	roi sàk
cicatriz (f)	แผลเป็น	phlǎe bpen

Vestuário & Acessórios

26. Roupa exterior. Casacos

roupa (f)	เสื้อผ้า	sêua phâa
roupa (f) exterior	เสื้อนอก	sêua nôk
roupa (f) de inverno	เสื้อกันหนาว	sêua gan năao
sobretudo (m)	เสื้อโค้ท	sêua khóht
casaco (m) de pele	เสื้อโค้ทขนสัตว์	sêua khóht khŏn sàt
jaqueta (f) de pele	แจคเก็ตขนสัตว์	jàek-gèt khŏn sàt
casaco (m) acolchoado	แจ็คเก็ตกันหนาว	jàek-gèt gan năao
casaco (m), jaqueta (f)	แจ็คเก็ต	jáek-gèt
impermeável (m)	เสื้อกันฝน	sêua gan fŏn
a prova d'água	ซึ่งกันน้ำได้	sêung gan náam dâai

27. Vestuário de homem & mulher

camisa (f)	เสื้อ	sêua
calça (f)	กางเกง	gaang-gayng
jeans (m)	กางเกงยีนส์	gaang-gayng yeen
paletó, terno (m)	แจ็คเก็ตสูท	jàek-gèt sòot
terno (m)	ชุดสูท	chút sòot
vestido (ex. ~ de noiva)	ชุดเดรส	chút draet
saia (f)	กระโปรง	grà bprohng
blusa (f)	เสื้อ	sêua
casaco (m) de malha	แจคเก็ตถัก	jàek-gèt thàk
casaco, blazer (m)	แจคเก็ต	jáek-gèt
camiseta (f)	เสื้อยืด	sêua yêut
short (m)	กางเกงขาสั้น	gaang-gayng khăa sân
training (m)	ชุดวอร์ม	chút wom
roupão (m) de banho	เสื้อคลุมอาบน้ำ	sêua khlum àap náam
pijama (m)	ชุดนอน	chút norn
suéter (m)	เสื้อไหมพรม	sêua măi phrom
pulôver (m)	เสื้อกันหนาวแบบสวม	sêua gan năao bàep sŭam
colete (m)	เสื้อกั๊ก	sêua gák
fraque (m)	เสื้อเทลโค้ต	sêua thayn-khóht
smoking (m)	ชุดทักซิโด	chút thák sí dôh
uniforme (m)	เครื่องแบบ	khrêuang bàep
roupa (f) de trabalho	ชุดทำงาน	chút tam ngaan
macacão (m)	ชุดเอี๊ยม	chút íam
jaleco (m), bata (f)	เสื้อคลุม	sêua khlum

28. Vestuário. Roupa interior

roupa (f) íntima	ชุดชั้นใน	chút chán nai
cueca boxer (f)	กางเกงในชาย	gaang-gayng nai chaai
calcinha (f)	กางเกงในสตรี	gaang-gayng nai sàt-dtree
camiseta (f)	เสื้อชั้นใน	sêua chán nai
meias (f pl)	ถุงเท้า	thǔng tháo
camisola (f)	ชุดนอนสตรี	chút norn sàt-dtree
sutiã (m)	ยกทรง	yók song
meias longas (f pl)	ถุงเท้ายาว	thǔng tháo yaao
meias-calças (f pl)	ถุงน่องเต็มตัว	thǔng nôrng dtem dtua
meias (~ de nylon)	ถุงน่อง	thǔng nôrng
maiô (m)	ชุดว่ายน้ำ	chút wâai náam

29. Adereços de cabeça

chapéu (m), touca (f)	หมวก	mùak
chapéu (m) de feltro	หมวก	mùak
boné (m) de beisebol	หมวกเบสบอล	mùak bàyt-bon
boina (~ italiana)	หมวกติงลี่	mùak dting lêe
boina (ex. ~ basca)	หมวกเบเร่ต์	mùak bay-rây
capuz (m)	ฮูด	hóot
chapéu panamá (m)	หมวกปานามา	mùak bpaa-naa-maa
touca (f)	หมวกไหมพรม	mùak mǎi phrom
lenço (m)	ผ้าโพกศีรษะ	phâa phôhk sěe-sà
chapéu (m) feminino	หมวกสตรี	mùak sàt-dtree
capacete (m) de proteção	หมวกนิรภัย	mùak ní-rá-phai
bibico (m)	หมวกหนีบ	mùak nèep
capacete (m)	หมวกกันน็อค	mùak ní-rá-phai
chapéu-coco (m)	หมวกกลมทรงสูง	mùak glom song sǒong
cartola (f)	หมวกทรงสูง	mùak song sǒong

30. Calçado

calçado (m)	รองเท้า	rorng tháo
botinas (f pl), sapatos (m pl)	รองเท้า	rorng tháo
sapatos (de salto alto, etc.)	รองเท้า	rorng tháo
botas (f pl)	รองเท้าบูท	rorng tháo bòot
pantufas (f pl)	รองเท้าแตะในบ้าน	rorng tháo dtàe nai bâan
tênis (~ Nike, etc.)	รองเท้ากีฬา	rorng tháo gee-laa
tênis (~ Converse)	รองเท้าผ้าใบ	rorng tháo phâa bai
sandálias (f pl)	รองเท้าแตะ	rorng tháo dtàe
sapateiro (m)	คนซ่อมรองเท้า	khon sôrm rorng tháo
salto (m)	ส้นรองเท้า	sôn rorng tháo

par (m)	คู่	khôo
cadarço (m)	เชือกรองเท้า	chêuak rorng tháo
amarrar os cadarços	ผูกเชือกรองเท้า	phòok chêuak rorng tháo
calçadeira (f)	ที่ชอนรองเท้า	thêe chón rorng tháo
graxa (f) para calçado	ยาขัดรองเทา	yaa khàt rorng tháo

31. Acessórios pessoais

luva (f)	ถุงมือ	thǔng meu
mitenes (f pl)	ถุงมือ	thǔng meu
cachecol (m)	ผาพันคอ	phâa phan khor
óculos (m pl)	แว่นตา	wâen dtaa
armação (f)	กรอบแว่น	gròrp wâen
guarda-chuva (m)	ร่ม	rôm
bengala (f)	ไม้เท้า	máai tháo
escova (f) para o cabelo	แปรงหวีผม	bpraeng wěe phǒm
leque (m)	พัด	phát
gravata (f)	เนคไท	nâyk-thai
gravata-borboleta (f)	โบว์หูกระต่าย	boh hǒo grà-dtàai
suspensórios (m pl)	สายเอี๊ยม	sǎai íam
lenço (m)	ผาเช็ดหนา	phâa chét-nâa
pente (m)	หวี	wěe
fivela (f) para cabelo	ที่หนีบผม	têe nèep phǒm
grampo (m)	กิบ	gíp
fivela (f)	หัวเข็มขัด	hǔa khěm khàt
cinto (m)	เข็มขัด	khěm khàt
alça (f) de ombro	สายกระเป๋า	sǎai grà-bpǎo
bolsa (f)	กระเป๋า	grà-bpǎo
bolsa (feminina)	กระเป๋าถือ	grà-bpǎo thěu
mochila (f)	กระเป๋าสะพายหลัง	grà-bpǎo sà-phaai lǎng

32. Vestuário. Diversos

moda (f)	แฟชั่น	fae-chân
na moda (adj)	คานิยม	khâa ní-yom
estilista (m)	นักออกแบบแฟชั่น	nák òrk bàep fae-chân
colarinho (m)	คอปกเสื้อ	khor bpòk sêua
bolso (m)	กระเป๋า	grà-bpǎo
de bolso	กระเป๋า	grà-bpǎo
manga (f)	แขนเสื้อ	khǎen sêua
ganchinho (m)	ที่แขวนเสื้อ	thêe khwǎen sêua
bragueta (f)	ซิปกางเกง	síp gaang-gayng
zíper (m)	ซิป	síp
colchete (m)	ซิป	síp
botão (m)	กระดุม	grà dum

botoeira (casa de botão)	รูกระดุม	roo grà dum
soltar-se (vr)	หลุดออก	lùt òrk
costurar (vi)	เย็บ	yép
bordar (vt)	ปัก	bpàk
bordado (m)	ลายปัก	laai bpàk
agulha (f)	เข็มเย็บผ้า	khěm yép phâa
fio, linha (f)	เส้นด้าย	sây-dâai
costura (f)	รอยเย็บ	roi yép
sujar-se (vr)	สกปรก	sòk-gà-bpròk
mancha (f)	รอยเปื้อน	roi bpêuan
amarrotar-se (vr)	พับเป็นรอยย่น	pháp bpen roi yôn
rasgar (vt)	ฉีก	chèek
traça (f)	แมลงกินผ้า	má-laeng gin phâa

33. Cuidados pessoais. Cosméticos

pasta (f) de dente	ยาสีฟัน	yaa sěe fan
escova (f) de dente	แปรงสีฟัน	bpraeng sěe fan
escovar os dentes	แปรงฟัน	bpraeng fan
gilete (f)	มีดโกน	mêet gohn
creme (m) de barbear	ครีมโกนหนวด	khreem gohn nùat
barbear-se (vr)	โกน	gohn
sabonete (m)	สบู่	sà-bòo
xampu (m)	แชมพู	chaem-phoo
tesoura (f)	กรรไกร	gan-grai
lixa (f) de unhas	ตะไบเล็บ	dtà-bai lép
corta-unhas (m)	กรรไกรตัดเล็บ	gan-grai dtàt lép
pinça (f)	แหนบ	nàep
cosméticos (m pl)	เครื่องสำอาง	khrêuang sǎm-aang
máscara (f)	มาสก์หน้า	mâak nâa
manicure (f)	การแต่งเล็บ	gaan dtàeng lép
fazer as unhas	แต่งเล็บ	dtàeng lép
pedicure (f)	การแต่งเล็บเท้า	gaan dtàeng lép táo
bolsa (f) de maquiagem	กระเป๋าเครื่องสำอาง	grà-bpǎo khrêuang sǎm-aang
pó (de arroz)	แป้งฝุ่น	bpâeng-fùn
pó (m) compacto	ตลับแป้ง	dtà-làp bpâeng
blush (m)	แป้งทาแก้ม	bpâeng thaa gâem
perfume (m)	น้ำหอม	nám hǒrm
água-de-colônia (f)	น้ำหอมออนๆ	náam hǒrm òn òn
loção (f)	โลชั่น	loh-chân
colônia (f)	โคโลญจ์	khoh-lohn
sombra (f) de olhos	อายแชโดว์	aai-chae-doh
delineador (m)	อายไลเนอร์	aai lai-ner
máscara (f), rímel (m)	มาสคารา	mâat-khaa-râa
batom (m)	ลิปสติก	líp-sà-dtìk

esmalte (m)	น้ำยาทาเล็บ	nám yaa-thaa lép
laquê (m), spray fixador (m)	สเปรย์ฉีดผม	sà-bpray chèet phŏm
desodorante (m)	ยาดับกลิ่น	yaa dàp glìn

creme (m)	ครีม	khreem
creme (m) de rosto	ครีมทาหน้า	khreem thaa nâa
creme (m) de mãos	ครีมทามือ	khreem thaa meu
creme (m) antirrugas	ครีมลดริ้วรอย	khreem lót ríw roi
creme (m) de dia	ครีมกลางวัน	khreem klaang wan
creme (m) de noite	ครีมกลางคืน	khreem klaang kheun
de dia	กลางวัน	glaang wan
da noite	กลางคืน	glaang kheun

absorvente (m) interno	ผ้าอนามัยแบบสอด	phâa a-naa-mai bàep sòrt
papel (m) higiênico	กระดาษชำระ	grà-dàat cham-rá
secador (m) de cabelo	เครื่องเป่าผม	khrêuang bpào phŏm

34. Relógios de pulso. Relógios

relógio (m) de pulso	นาฬิกา	naa-lí-gaa
mostrador (m)	หน้าปัด	nâa bpàt
ponteiro (m)	เข็ม	khĕm
bracelete (em aço)	สายนาฬิกาข้อมือ	săai naa-lí-gaa khôr meu
bracelete (em couro)	สายรัดข้อมือ	săai rát khôr meu

pilha (f)	แบตเตอรี่	bàet-dter-rêe
acabar (vi)	หมด	mòt
trocar a pilha	เปลี่ยนแบตเตอรี่	bplìan bàet-dter-rêe
estar adiantado	เดินเร็วเกินไป	dern reo gern bpai
estar atrasado	เดินช้า	dern cháa

relógio (m) de parede	นาฬิกาแขวนผนัง	naa-lí-gaa khwăen phà-năng
ampulheta (f)	นาฬิกาทราย	naa-lí-gaa saai
relógio (m) de sol	นาฬิกาแดด	naa-lí-gaa dàet
despertador (m)	นาฬิกาปลุก	naa-lí-gaa bplùk
relojoeiro (m)	ช่างซ่อมนาฬิกา	châang sôrm naa-lí-gaa
reparar (vt)	ซ่อม	sôrm

Alimentação. Nutrição

35. Comida

carne (f)	เนื้อ	néua
galinha (f)	ไก่	gài
frango (m)	เนื้อลูกไก่	néua lôok gài
pato (m)	เป็ด	bpèt
ganso (m)	ห่าน	hàan
caça (f)	สัตว์ที่ล่า	sàt thêe lâa
peru (m)	ไก่งวง	gài nguang
carne (f) de porco	เนื้อหมู	néua mǒo
carne (f) de vitela	เนื้อลูกวัว	néua lôok wua
carne (f) de carneiro	เนื้อแกะ	néua gàe
carne (f) de vaca	เนื้อวัว	néua wua
carne (f) de coelho	เนื้อกระต่าย	néua grà-dtàai
linguiça (f), salsichão (m)	ไส้กรอก	sâi gròrk
salsicha (f)	ไสกรอกเวียนนา	sâi gròrk wian-naa
bacon (m)	หมูเบคอน	mǒo bay-khorn
presunto (m)	แฮม	haem
pernil (m) de porco	แฮมแกมมอน	haem gaem-morn
patê (m)	ปาเต	bpaa dtay
fígado (m)	ตับ	dtàp
guisado (m)	เนื้อสับ	néua sàp
língua (f)	ลิ้น	lín
ovo (m)	ไข่	khài
ovos (m pl)	ไข่	khài
clara (f) de ovo	ไข่ขาว	khài khǎao
gema (f) de ovo	ไข่แดง	khài daeng
peixe (m)	ปลา	bplaa
mariscos (m pl)	อาหารทะเล	aa hǎan thá-lay
crustáceos (m pl)	สัตว์พวกกุ้งกั้งปู	sàt phûak gûng gâng bpoo
caviar (m)	ไข่ปลา	khài-bplaa
caranguejo (m)	ปู	bpoo
camarão (m)	กุ้ง	gûng
ostra (f)	หอยนางรม	hǒi naang rom
lagosta (f)	กุ้งมังกร	gûng mang-gon
polvo (m)	ปลาหมึก	bplaa mèuk
lula (f)	ปลาหมึกกล้วย	bplaa mèuk-glûay
esturjão (m)	ปลาสเตอร์เจียน	bpláa sà-dtêr jian
salmão (m)	ปลาแซลมอน	bplaa saen-morn
halibute (m)	ปลาตาเดียว	bplaa dtaa-dieow
bacalhau (m)	ปลาค็อด	bplaa khót

cavala, sarda (f)	ปลาแม็คเคอเร็ล	bplaa máek-kay-a-rĕn
atum (m)	ปลาทูนา	bplaa thoo-nâa
enguia (f)	ปลาไหล	bplaa lăi
truta (f)	ปลาเทราท์	bplaa thrau
sardinha (f)	ปลาซาร์ดีน	bplaa saa-deen
lúcio (m)	ปลาไพค์	bplaa phai
arenque (m)	ปลาเฮอร์ริง	bplaa her-ring
pão (m)	ขนมปัง	khà-nŏm bpang
queijo (m)	เนยแข็ง	noie khăeng
açúcar (m)	น้ำตาล	nám dtaan
sal (m)	เกลือ	gleua
arroz (m)	ข้าว	khâao
massas (f pl)	พาสต้า	phâat-dtâa
talharim, miojo (m)	กวยเตี๋ยว	gŭay-dtĭeow
manteiga (f)	เนย	noie
óleo (m) vegetal	น้ำมันพืช	nám man phêut
óleo (m) de girassol	น้ำมันดอกทานตะวัน	nám man dòrk thaan dtà-wan
margarina (f)	เนยเทียม	noie thiam
azeitonas (f pl)	มะกอก	má-gòrk
azeite (m)	น้ำมันมะกอก	nám man má-gòrk
leite (m)	นม	nom
leite (m) condensado	นมข้น	nom khôn
iogurte (m)	โยเกิร์ต	yoh-gèrt
creme (m) azedo	ซาวร์ครีม	saao khreem
creme (m) de leite	ครีม	khreem
maionese (f)	มาย็องเนส	maa-yorng-nâyt
creme (m)	สวนผสมของเนย และน้ำตาล	sùan phà-sŏm khŏrng noie láe nám dtaan
grãos (m pl) de cereais	เมล็ดธัญพืช	má-lét than-yá-phêut
farinha (f)	แป้ง	bpâeng
enlatados (m pl)	อาหารกระป๋อง	aa-hăan grà-bpŏrng
flocos (m pl) de milho	คอร์นเฟลค	khorn-flâyk
mel (m)	น้ำผึ้ง	nám phêung
geleia (f)	แยม	yaem
chiclete (m)	หมากฝรั่ง	màak fà-ràng

36. Bebidas

água (f)	น้ำ	nám
água (f) potável	น้ำดื่ม	nám dèum
água (f) mineral	น้ำแร่	nám râe
sem gás (adj)	ไม่มีฟอง	mâi mee forng
gaseificada (adj)	น้ำอัดลม	nám àt lom
com gás	มีฟอง	mee forng

gelo (m)	น้ำแข็ง	nám khăeng
com gelo	ใส่น้ำแข็ง	sài nám khăeng
não alcoólico (adj)	ไม่มีแอลกอฮอล์	mâi mee aen-gor-hor
refrigerante (m)	เครื่องดื่มที่ไม่มี แอลกอฮอล์	krêuang dèum têe mâi mee aen-gor-hor
refresco (m)	เครื่องดื่มให้ ความสดชื่น	khrêuang dèum hâi khwaam sòt chêun
limonada (f)	น้ำเลมอนเนด	nám lay-morn-nâyt
bebidas (f pl) alcoólicas	เหล้า	lău
vinho (m)	ไวน์	wai
vinho (m) branco	ไวน์ขาว	wai khăao
vinho (m) tinto	ไวน์แดง	wai daeng
licor (m)	สุรา	sù-raa
champanhe (m)	แชมเปญ	chaem-bpayn
vermute (m)	เหล้าองุ่นขาวซึ่งมี กลิ่นหอม	lâo a-ngùn khăao sêung mee glìn hŏrm
uísque (m)	เหล้าวิสกี้	lău wít-sa -gêe
vodca (f)	เหล้าวอดกา	lău wórt-gâa
gim (m)	เหล้ายิน	lău yin
conhaque (m)	เหล้าคอนยัก	lău khorn yák
rum (m)	เหลารัม	lău ram
café (m)	กาแฟ	gaa-fae
café (m) preto	กาแฟดำ	gaa-fae dam
café (m) com leite	กาแฟใส่นม	gaa-fae sài nom
cappuccino (m)	กาแฟคาปูชิโน	gaa-fae khaa bpoo chí noh
café (m) solúvel	กาแฟสำเร็จรูป	gaa-fae săm-rèt rôop
leite (m)	นม	nom
coquetel (m)	ค็อกเทล	khók-tayn
batida (f), milkshake (m)	มิลค์เชค	min-châyk
suco (m)	น้ำผลไม้	nám phŏn-lá-máai
suco (m) de tomate	น้ำมะเขือเทศ	nám má-khěua thâyt
suco (m) de laranja	น้ำส้ม	nám sôm
suco (m) fresco	น้ำผลไม้คั้นสด	nám phŏn-lá-máai khán sòt
cerveja (f)	เบียร์	bia
cerveja (f) clara	เบียร์ไลท์	bia lai
cerveja (f) preta	เบียร์ดารค	bia dàak
chá (m)	ชา	chaa
chá (m) preto	ชาดำ	chaa dam
chá (m) verde	ชาเขียว	chaa khĭeow

37. Vegetais

vegetais (m pl)	ผัก	phàk
verdura (f)	ผักใบเขียว	phàk bai khĭeow
tomate (m)	มะเขือเทศ	má-khěua thâyt

pepino (m)	แตงกวา	dtaeng-gwaa
cenoura (f)	แครอท	khae-rót
batata (f)	มันฝรั่ง	man fà-ràng
cebola (f)	หัวหอม	hǔa hǒrm
alho (m)	กระเทียม	grà-thiam
couve (f)	กะหล่ำปลี	gà-làm bplee
couve-flor (f)	ดอกกะหล่ำ	dòrk gà-làm
couve-de-bruxelas (f)	กะหล่ำดาว	gà-làm-daao
brócolis (m pl)	บร็อคโคลี่	bròrk-khoh-lêe
beterraba (f)	บีทรูท	bee-trôot
berinjela (f)	มะเขือยาว	má-khěua-yaao
abobrinha (f)	แตงซูคินี	dtaeng soo-khí-nee
abóbora (f)	ฟักทอง	fák-thorng
nabo (m)	หัวผักกาด	hǔa-phàk-gàat
salsa (f)	ผักชีฝรั่ง	phàk chee fà-ràng
endro, aneto (m)	ผักชีลาว	phàk-chee-laao
alface (f)	ผักกาดหอม	phàk gàat hǒrm
aipo (m)	คื่นฉ่าย	khêun-châai
aspargo (m)	หน่อไม้ฝรั่ง	nòr máai fà-ràng
espinafre (m)	ผักขม	phàk khǒm
ervilha (f)	ถั่วลันเตา	thùa-lan-dtao
feijão (~ soja, etc.)	ถั่ว	thùa
milho (m)	ข้าวโพด	khâao-phôht
feijão (m) roxo	ถั่วรูปไต	thùa rôop dtai
pimentão (m)	พริกหยวก	phrík-yùak
rabanete (m)	หัวไชเท้า	hǔa chai tháo
alcachofra (f)	อาร์ติโชค	aa dtì chôhk

38. Frutos. Nozes

fruta (f)	ผลไม้	phǒn-lá-máai
maçã (f)	แอปเปิ้ล	àep-bpêrn
pera (f)	แพร	phae
limão (m)	มะนาว	má-naao
laranja (f)	ส้ม	sôm
morango (m)	สตรอว์เบอร์รี่	sà-dtror-ber-rêe
tangerina (f)	ส้มแมนดาริน	sôm maen daa rin
ameixa (f)	พลัม	phlam
pêssego (m)	ลูกท้อ	lôok thór
damasco (m)	แอปริคอท	ae-bprì-khôrt
framboesa (f)	ราสเบอร์รี่	râat-ber-rêe
abacaxi (m)	สับปะรด	sàp-bpà-rót
banana (f)	กล้วย	glûay
melancia (f)	แตงโม	dtaeng moh
uva (f)	องุ่น	a-ngùn
ginja (f)	เชอรี่	cher-rêe
cereja (f)	เชอรี่ป่า	cher-rêe bpàa

melão (m)	เมลอน	may-lorn
toranja (f)	สมโอ	sôm oh
abacate (m)	อะโวคาโด	a-who-khaa-doh
mamão (m)	มะละกอ	má-lá-gor
manga (f)	มะม่วง	má-mûang
romã (f)	ทับทิม	tháp-thim

groselha (f) vermelha	เรดเคอร์แรนท์	râyt-khêr-raen
groselha (f) negra	แบล็คเคอูอร์แรนท์	blàek khêr-raen
groselha (f) espinhosa	กูสเบอร์รี่	gòot-ber-rêe
mirtilo (m)	บิลเบอร์รี่	bil-ber-rêe
amora (f) silvestre	แบล็คเบอร์รี่	blàek ber-rêe

passa (f)	ลูกเกด	lôok gàyt
figo (m)	มะเดื่อฝรั่ง	má dèua fà-ràng
tâmara (f)	ลูกอินทผลัม	lôok in-thá-plăm

amendoim (m)	ถั่วลิสง	thùa-lí-sŏng
amêndoa (f)	อัลมอนด์	an-morn
noz (f)	วอลนัต	wor-lá-nát
avelã (f)	เฮเซลูนัท	hay sayn nát
coco (m)	มะพร้าว	má-phráao
pistaches (m pl)	ถั่วพิสตาชิโอ	thùa phít dtaa chí oh

39. Pão. Bolaria

pastelaria (f)	ขนม	khà-nŏm
pão (m)	ขนมปัง	khà-nŏm bpang
biscoito (m), bolacha (f)	คุกกี้	khúk-gêe

chocolate (m)	ช็อกโกแลต	chók-goh-láet
de chocolate	ช็อกโกแลต	chók-goh-láet
bala (f)	ลูกกวาด	lôok gwàat
doce (bolo pequeno)	ขนมเค้ก	khà-nŏm kháyk
bolo (m) de aniversário	ขนมเค้ก	khà-nŏm kháyk

| torta (f) | ขนมพาย | khà-nŏm phaai |
| recheio (m) | ไส้ในขนม | sâi nai khà-nŏm |

geleia (m)	แยม	yaem
marmelada (f)	แยมผิวส้ม	yaem phĭw sôm
wafers (m pl)	วาฟเฟิล	waaf-fern
sorvete (m)	ไอศกรีม	ai-sà-greem
pudim (m)	พุดดิ้ง	phút-dîng

40. Pratos cozinhados

prato (m)	มื้ออาหาร	méu aa-hăan
cozinha (~ portuguesa)	อาหาร	aa-hăan
receita (f)	ตำราอาหาร	dtam-raa aa-hăan
porção (f)	สวน	sùan
salada (f)	สลัด	sà-làt

sopa (f)	ซุป	súp
caldo (m)	ซุปน้ำใส	súp nám-săi
sanduíche (m)	แซนด์วิช	saen-wít
ovos (m pl) fritos	ไข่ทอด	khài thôrt

hambúrguer (m)	แฮมเบอร์เกอร์	haem-ber-gêr
bife (m)	สเต็กเนื้อ	sà-dtèk néua

acompanhamento (m)	เครื่องเคียง	khrêuang khiang
espaguete (m)	สปาเก็ตตี้	sà-bpaa-gèt-dtêe
purê (m) de batata	มันฝรั่งบด	man fà-ràng bòt
pizza (f)	พิซซ่า	phít-sâa
mingau (m)	ข้าวต้ม	khâao-dtôm
omelete (f)	ไข่เจียว	khài jieow

fervido (adj)	ต้ม	dtôm
defumado (adj)	รมควัน	rom khwan
frito (adj)	ทอด	thôrt
seco (adj)	ตากแห้ง	dtàak hâeng
congelado (adj)	แช่แข็ง	châe khǎeng
em conserva (adj)	ดอง	dorng

doce (adj)	หวาน	wǎan
salgado (adj)	เค็ม	khem
frio (adj)	เย็น	yen
quente (adj)	ร้อน	rórn
amargo (adj)	ขม	khǒm
gostoso (adj)	อร่อย	à-ròi

cozinhar em água fervente	ต้ม	dtôm
preparar (vt)	ทำอาหาร	tham aa-hǎan
fritar (vt)	ทอด	thôrt
aquecer (vt)	อุ่น	ùn

salgar (vt)	ใส่เกลือ	sài gleua
apimentar (vt)	ใส่พริกไทย	sài phrík thai
ralar (vt)	ขูด	khòot
casca (f)	เปลือก	bplèuak
descascar (vt)	ปอกเปลือก	bpòrk bplêuak

41. Especiarias

sal (m)	เกลือ	gleua
salgado (adj)	เค็ม	khem
salgar (vt)	ใส่เกลือ	sài gleua

pimenta-do-reino (f)	พริกไทย	phrík thai
pimenta (f) vermelha	พริกแดง	phrík daeng
mostarda (f)	มัสตาร์ด	mát-dtàat
raiz-forte (f)	ฮอสแรดิช	hórt rae dìt

condimento (m)	เครื่องปรุงรส	khrêuang bprung rót
especiaria (f)	เครื่องเทศ	khrêuang thâyt
molho (~ inglês)	ซอส	sós

vinagre (m)	น้ำส้มสายชู	nám sôm săai choo
anis estrelado (m)	เทียนสัตตบุษย์	thian-sàt-dtà-bùt
manjericão (m)	ใบโหระพา	bai hŏh rá phaa
cravo (m)	กานพลู	gaan-phloo
gengibre (m)	ขิง	khĭng
coentro (m)	ผักชีลา	pàk-chee-laa
canela (f)	อบเชย	òp-choie
gergelim (m)	งา	ngaa
folha (f) de louro	ใบกระวาน	bai grà-waan
páprica (f)	พริกปน	phrík bpòn
cominho (m)	เทียนตากบ	thian dtaa gòp
açafrão (m)	หญ้าฝรั่น	yâa fà-ràn

42. Refeições

comida (f)	อาหาร	aa-hăan
comer (vt)	กิน	gin
café (m) da manhã	อาหารเช้า	aa-hăan cháo
tomar café da manhã	ทานอาหารเช้า	thaan aa-hăan cháo
almoço (m)	ขาวเทียง	khâao thîang
almoçar (vi)	ทานอาหารเที่ยง	thaan aa-hăan thîang
jantar (m)	อาหารเย็น	aa-hăan yen
jantar (vi)	ทานอาหารเย็น	thaan aa-hăan yen
apetite (m)	ความอยากอาหาร	kwaam yàak aa hăan
Bom apetite!	กินให้อร่อย!	gin hâi a-ròi
abrir (~ uma lata, etc.)	เปิด	bpèrt
derramar (~ líquido)	ทำหก	tham hòk
derramar-se (vr)	ทำหกออกมา	tham hòk òrk maa
ferver (vi)	ตุ๋ม	dtôm
ferver (vt)	ตุ๋ม	dtôm
fervido (adj)	ตม	dtôm
esfriar (vt)	แช่เย็น	châe yen
esfriar-se (vr)	แช่เย็น	châe yen
sabor, gosto (m)	รสชาติ	rót châat
fim (m) de boca	รส	rót
emagrecer (vi)	ลดน้ำหนัก	lót nám nàk
dieta (f)	อาหารพิเศษ	aa-hăan phí-sàyt
vitamina (f)	วิตามิน	wí-dtaa-min
caloria (f)	แคลอรี่	khae-lor-rêe
vegetariano (m)	คนกินเจ	khon gin jay
vegetariano (adj)	มังสวิรัติ	mang-sà-wí-rát
gorduras (f pl)	ไขมัน	khăi man
proteínas (f pl)	โปรตีน	bproh-dteen
carboidratos (m pl)	คาร์โบไฮเดรต	kaa-boh-hai-dràyt
fatia (~ de limão, etc.)	แผน	phàen
pedaço (~ de bolo)	ชิ้น	chín
migalha (f), farelo (m)	เศษ	sàyt

43. Por a mesa

colher (f)	ช้อน	chórn
faca (f)	มีด	mêet
garfo (m)	ส้อม	sôrm

xícara (f)	แก้ว	gâew
prato (m)	จาน	jaan
pires (m)	จานรอง	jaan rorng
guardanapo (m)	ผ้าเช็ดปาก	phâa chét bpàak
palito (m)	ไม้จิ้มฟัน	máai jîm fan

44. Restaurante

restaurante (m)	ร้านอาหาร	ráan aa-hăan
cafeteria (f)	ร้านกาแฟ	ráan gaa-fae
bar (m), cervejaria (f)	ร้านเหล้า	ráan lâo
salão (m) de chá	ร้านน้ำชา	ráan nám chaa

garçom (m)	คนเสิร์ฟชาย	khon sèrf chaai
garçonete (f)	คนเสิร์ฟหญิง	khon sèrf yĭng
barman (m)	บาร์เทนเดอร์	baa-thayn-dêr

cardápio (m)	เมนู	may-noo
lista (f) de vinhos	รายการไวน์	raai gaan wai
reservar uma mesa	จองโต๊ะ	jorng dtó

prato (m)	มื้ออาหาร	méu aa-hăan
pedir (vt)	สั่ง	sàng
fazer o pedido	สั่งอาหาร	sàng aa-hăan

aperitivo (m)	เครื่องดื่มเหล้า กอนอาหาร	khrêuang dèum lâo gòrn aa-hăan
entrada (f)	ของกินเล่น	khŏrng gin lâyn
sobremesa (f)	ของหวาน	khŏrng wăan

conta (f)	คิดเงิน	khít ngern
pagar a conta	จ่ายค่าอาหาร	jàai khâa aa hăan
dar o troco	ให้เงินทอน	hâi ngern thorn
gorjeta (f)	เงินทิป	ngern thíp

Família, parentes e amigos

45. Informação pessoal. Formulários

nome (m)	ชื่อ	chêu
sobrenome (m)	นามสกุล	naam sà-gun
data (f) de nascimento	วันเกิด	wan gèrt
local (m) de nascimento	สถานที่เกิด	sà-thǎan thêe gèrt
nacionalidade (f)	สัญชาติ	sǎn-châat
lugar (m) de residência	ที่อยู่อาศัย	thêe yòo aa-sǎi
país (m)	ประเทศ	bprà-thâyt
profissão (f)	อาชีพ	aa-chêep
sexo (m)	เพศ	phâyt
estatura (f)	ความสูง	khwaam sǒong
peso (m)	น้ำหนัก	nám nàk

46. Membros da família. Parentes

mãe (f)	มารดา	maan-daa
pai (m)	บิดา	bì-daa
filho (m)	ลูกชาย	lôok chaai
filha (f)	ลูกสาว	lôok sǎao
caçula (f)	ลูกสาวคนเล็ก	lôok sǎao khon lék
caçula (m)	ลูกชายคนเล็ก	lôok chaai khon lék
filha (f) mais velha	ลูกสาวคนโต	lôok sǎao khon dtoh
filho (m) mais velho	ลูกชายคนโต	lôok chaai khon dtoh
irmão (m) mais velho	พี่ชาย	phêe chaai
irmão (m) mais novo	น้องชาย	nórng chaai
irmã (f) mais velha	พี่สาว	phêe sǎao
irmã (f) mais nova	น้องสาว	nórng sǎao
primo (m)	ลูกพี่ลูกน้อง	lôok phêe lôok nórng
prima (f)	ลูกพี่ลูกน้อง	lôok phêe lôok nórng
mamãe (f)	แม่	mâe
papai (m)	พ่อ	phôr
pais (pl)	พ่อแม่	phôr mâe
criança (f)	เด็ก, ลูก	dèk, lôok
crianças (f pl)	เด็กๆ	dèk dèk
avó (f)	ย่า, ยาย	yâa, yaai
avô (m)	ปู่, ตา	bpòo, dtaa
neto (m)	หลานชาย	lǎan chaai
neta (f)	หลานสาว	lǎan sǎao

netos (pl)	หลานๆ	lăan
tio (m)	ลุง	lung
tia (f)	ป้า	bpâa
sobrinho (m)	หลานชาย	lăan chaai
sobrinha (f)	หลานสาว	lăan săao
sogra (f)	แม่ยาย	mâe yaai
sogro (m)	พ่อสามี	phôr săa-mee
genro (m)	ลูกเขย	lôok khŏie
madrasta (f)	แม่เลี้ยง	mâe líang
padrasto (m)	พ่อเลี้ยง	phôr líang
criança (f) de colo	ทารก	thaa-rók
bebê (m)	เด็กเล็ก	dèk lék
menino (m)	เด็ก	dèk
mulher (f)	ภรรยา	phan-rá-yaa
marido (m)	สามี	săa-mee
esposo (m)	สามี	săa-mee
esposa (f)	ภรรยา	phan-rá-yaa
casado (adj)	แต่งงานแล้ว	dtàeng ngaan láew
casada (adj)	แต่งงานแลว	dtàeng ngaan láew
solteiro (adj)	เป็นโสด	bpen sòht
solteirão (m)	ชายโสด	chaai sòht
divorciado (adj)	หย่าแล้ว	yàa láew
viúva (f)	แม่หม้าย	mâe mâai
viúvo (m)	พ่อหม้าย	phôr mâai
parente (m)	ญาติ	yâat
parente (m) próximo	ญาติใกล้ชิด	yâat glâi chít
parente (m) distante	ญาติห่างๆ	yâat hàang hàang
parentes (m pl)	ญาติๆ	yâat
órfão (m)	เด็กชายกำพร้า	dèk chaai gam phráa
órfã (f)	เด็กหญิงกำพรา	dèk yĭng gam phráa
tutor (m)	ผู้ปกครอง	phôo bpòk khrorng
adotar (um filho)	บุญธรรม	bun tham
adotar (uma filha)	บุญธรรม	bun tham

Medicina

47. Doenças

doença (f)	โรค	rôhk
estar doente	ป่วย	bpùay
saúde (f)	สุขภาพ	sùk-khà-phâap
nariz (m) escorrendo	น้ำมูกไหล	nám môok lăi
amigdalite (f)	ตอมทอนซิลอักเสบ	dtòm thorn-sin àk-sàyp
resfriado (m)	หวัด	wàt
ficar resfriado	เป็นหวัด	bpen wàt
bronquite (f)	โรคหลอดลมอักเสบ	rôhk lòrt lom àk-sàyp
pneumonia (f)	โรคปอดบวม	rôhk bpòrt-buam
gripe (f)	ไขหวัดใหญ	khâi wàt yài
míope (adj)	สายตาสั้น	săai dtaa sân
presbita (adj)	สายตายาว	săai dtaa yaao
estrabismo (m)	ตาเหล	dtaa lày
estrábico, vesgo (adj)	เป็นตาเหล่	bpen dtaa kǎy rěu lày
catarata (f)	ตอกระจก	dtôr grà-jòk
glaucoma (m)	ตอหิน	dtôr hĭn
AVC (m), apoplexia (f)	โรคหลอดเลือดสมอง	rôhk lòrt lêuat sà-mŏrng
ataque (m) cardíaco	อาการหัวใจวาย	aa-gaan hŭa jai waai
enfarte (m) do miocárdio	กลามเนื้อหัวใจตาย เหตุขาดเลือด	glâam néua hŭa jai dtaai hàyt khàat lêuat
paralisia (f)	อัมพาต	am-má-phâat
paralisar (vt)	ทำใหเป็นอัมพาต	tham hâi bpen am-má-phâat
alergia (f)	ภูมิแพ้	phoom pháe
asma (f)	โรคหืด	rôhk hèut
diabetes (f)	โรคเบาหวาน	rôhk bao wăn
dor (f) de dente	อาการปวดฟัน	aa-gaan bpùat fan
cárie (f)	ฟันผุ	fan phù
diarreia (f)	อาการท้องเสีย	aa-gaan thórng sĭa
prisão (f) de ventre	อาการทองผูก	aa-gaan thórng phòok
desarranjo (m) intestinal	อาการปวดทอง	aa-gaan bpùat thórng
intoxicação (f) alimentar	ภาวะอาหารเป็นพิษ	phaa-wá aa hăan bpen pít
intoxicar-se	กินอาหารเป็นพิษ	gin aa hăan bpen phít
artrite (f)	โรคขออักเสบ	rôhk khôr àk-sàyp
raquitismo (m)	โรคกระดูกออน	rôhk grà-dòok òrn
reumatismo (m)	โรครูมาติก	rôhk roo-maa-dtìk
arteriosclerose (f)	ภาวะหลอดเลือดแข็ง	phaa-wá lòrt lêuat khăeng
gastrite (f)	โรคกระเพาะอาหาร	rôhk grà-phór aa-hăan
apendicite (f)	ไสติ่งอักเสบ	sâi dtìng àk-sàyp

| colecistite (f) | โรคถุงน้ำดีอักเสบ | rôhk thǔng nám dee àk-sàyp |
| úlcera (f) | แผลเปื่อย | phlǎe bpèuay |

sarampo (m)	โรคหัด	rôhk hàt
rubéola (f)	โรคหัดเยอรมัน	rôhk hàt yer-rá-man
icterícia (f)	โรคดีซาน	rôhk dee sâan
hepatite (f)	โรคตับอักเสบ	rôhk dtàp àk-sàyp

esquizofrenia (f)	โรคจิตเภท	rôhk jìt-dtà-phâyt
raiva (f)	โรคพิษสุนัขบ้า	rôhk phít sù-nák bâa
neurose (f)	โรคประสาท	rôhk bprà-sàat
contusão (f) cerebral	สมองกระทบ กระเทือน	sà-mǒrng grà-thóp grà-theuan

câncer (m)	มะเร็ง	má-reng
esclerose (f)	การแข็งตัวของ เนื้อเยื่อรางกาย	gaan kǎeng dtua kǒng néua yêua râang gaai
esclerose (f) múltipla	โรคปลอกประสาท เสื่อมแข็ง	rôhk bplòk bprà-sàat sèuam kǎeng

alcoolismo (m)	โรคพิษสุราเรื้อรัง	rôhk phít sù-raa réua rang
alcoólico (m)	คนขี้เหล้า	khon khêe lâo
sífilis (f)	โรคซิฟิลิส	rôhk sí-fí-lít
AIDS (f)	โรคเอดส์	rôhk àyt

tumor (m)	เนื้องอก	néua ngôk
maligno (adj)	ร้าย	ráai
benigno (adj)	ไม่ร้าย	mâi ráai

febre (f)	ไข้	khâi
malária (f)	ไข้มาลาเรีย	kâi maa-laa-ria
gangrena (f)	เนื้อตายเน่า	néua dtaai nâo
enjoo (m)	ภาวะเมาคลื่น	phaa-wá mao khlêun
epilepsia (f)	โรคลมบ้าหมู	rôhk lom bâa-mǒo

epidemia (f)	โรคระบาด	rôhk rá-bàat
tifo (m)	โรครากสาดใหญ่	rôhk râak-sàat yài
tuberculose (f)	วัณโรค	wan-ná-rôhk
cólera (f)	อหิวาตกโรค	a-hì-wâat-gà-rôhk
peste (f) bubônica	กาฬโรค	gaan-lá-rôhk

48. Sintomas. Tratamentos. Parte 1

sintoma (m)	อาการ	aa-gaan
temperatura (f)	อุณหภูมิ	un-hà-phoom
febre (f)	อุณหภูมิสูง	un-hà-phoom sǒong
pulso (m)	ชีพจร	chêep-phá-jon

vertigem (f)	อาการเวียนหัว	aa-gaan wian hǔa
quente (testa, etc.)	ร้อน	rórn
calafrio (m)	หนาวสั่น	nǎao sàn
pálido (adj)	หน้าเชียว	nâa sieow
tosse (f)	การไอ	gaan ai
tossir (vi)	ไอ	ai

espirrar (vi)	จาม	jaam
desmaio (m)	การเป็นลม	gaan bpen lom
desmaiar (vi)	เป็นลม	bpen lom
mancha (f) preta	ฟกช้ำ	fók chám
galo (m)	บวม	buam
machucar-se (vr)	ชน	chon
contusão (f)	รอยฟกช้ำ	roi fók chám
machucar-se (vr)	ได้รอยช้ำ	dâai roi chám
mancar (vi)	กะโผลกกะเผลก	gà-phlòhk-gà-phlàyk
deslocamento (f)	ขอหลุด	khôr lùt
deslocar (vt)	ทำขอหลุด	tham khôr lùt
fratura (f)	กระดูกหัก	grà-dòok hàk
fraturar (vt)	หักกระดูก	hàk grà-dòok
corte (m)	รอยบาด	roi bàat
cortar-se (vr)	ทำบาด	tham bàat
hemorragia (f)	การเลือดไหล	gaan lêuat lăi
queimadura (f)	แผลไฟไหม้	phlăe fai mâi
queimar-se (vr)	ได้รับแผลไฟไหม้	dâai ráp phlăe fai mâi
picar (vt)	ตำ	dtam
picar-se (vr)	ตำตัวเอง	dtam dtua ayng
lesionar (vt)	ทำให้บาดเจ็บ	tham hâi bàat jèp
lesão (m)	การบาดเจ็บ	gaan bàat jèp
ferida (f), ferimento (m)	แผล	phlăe
trauma (m)	แผลบาดเจ็บ	phlăe bàat jèp
delirar (vi)	คลุ้มคลั่ง	khlúm khlâng
gaguejar (vi)	พูดตะกุกตะกัก	phôot dtà-gùk-dtà-gàk
insolação (f)	โรคลมแดด	rôhk lom dàet

49. Sintomas. Tratamentos. Parte 2

dor (f)	ความเจ็บปวด	khwaam jèp bpùat
farpa (no dedo, etc.)	เสี้ยน	sîan
suor (m)	เหงื่อ	ngèua
suar (vi)	เหงื่อออก	ngèua òrk
vômito (m)	การอาเจียน	gaan aa-jian
convulsões (f pl)	การชัก	gaan chák
grávida (adj)	ตั้งครรภ์	dtâng khan
nascer (vi)	เกิด	gèrt
parto (m)	การคลอด	gaan khlôrt
dar à luz	คลอดบุตร	khlôrt bùt
aborto (m)	การแทงบุตร	gaan tháeng bùt
respiração (f)	การหายใจ	gaan hăai-jai
inspiração (f)	การหายใจเข้า	gaan hăai-jai khâo
expiração (f)	การหายใจออก	gaan hăai-jai òrk
expirar (vi)	หายใจออก	hăai-jai òrk

inspirar (vi)	หายใจเข้า	hăai-jai khâo
inválido (m)	คนพิการ	khon phí-gaan
aleijado (m)	พิการ	phí-gaan
drogado (m)	ผู้ติดยาเสพติด	phôo dtìt yaa-sàyp-dtìt
surdo (adj)	หูหนวก	hŏo nùak
mudo (adj)	เป็นใบ้	bpen bâi
surdo-mudo (adj)	หูหนวกเป็นใบ้	hŏo nùak bpen bâi
louco, insano (adj)	บ้า	bâa
louco (m)	คนบ้า	khon bâa
louca (f)	คนบา	khon bâa
ficar louco	เสียสติ	sĭa sà-dtì
gene (m)	ยีน	yeun
imunidade (f)	ภูมิคุ้มกัน	phoom khúm gan
hereditário (adj)	เป็นกรรมพันธุ์	bpen gam-má-phan
congênito (adj)	แตกำเนิด	dtàe gam-nèrt
vírus (m)	เชื้อไวรัส	chéua wai-rát
micróbio (m)	จุลินทรีย์	jù-lin-see
bactéria (f)	แบคทีเรีย	bàek-tee-ria
infecção (f)	การติดเชื้อ	gaan dtìt chéua

50. Sintomas. Tratamentos. Parte 3

hospital (m)	โรงพยาบาล	rohng phá-yaa-baan
paciente (m)	ผู้ป่วย	phôo bpùay
diagnóstico (m)	การวินิจฉัยโรค	gaan wí-nít-chăi rôhk
cura (f)	การรักษา	gaan rák-săa
tratamento (m) médico	การรักษา ทางการแพทย์	gaan rák-săa thaang gaan phâet
curar-se (vr)	รับการรักษา	ráp gaan rák-săa
tratar (vt)	รักษา	rák-săa
cuidar (pessoa)	รักษา	rák-săa
cuidado (m)	การดูแลรักษา	gaan doo lae rák-săa
operação (f)	การผ่าตัด	gaan phàa dtàt
enfaixar (vt)	พันแผล	phan phlăe
enfaixamento (m)	การพันแผล	gaan phan phlăe
vacinação (f)	การฉีดวัคซีน	gaan chèet wák-seen
vacinar (vt)	ฉีดวัคซีน	chèet wák-seen
injeção (f)	การฉีดยา	gaan chèet yaa
dar uma injeção	ฉีดยา	chèet yaa
ataque (~ de asma, etc.)	มีอาการเฉียบพลัน	mee aa-gaan chìap phlan
amputação (f)	การตัดอวัยวะออก	gaan dtàt a-wai-wá òrk
amputar (vt)	ตัด	dtàt
coma (f)	อาการโคม่า	aa-gaan khoh-mâa
estar em coma	อยู่ในอาการโคม่า	yòo nai aa-gaan khoh-mâa
reanimação (f)	หน่วยอภิบาล	nùay à-phí-baan
recuperar-se (vr)	ฟื้นตัว	féun dtua

estado (~ de saúde)	อาการ	aa-gaan
consciência (perder a ~)	สติสัมปชัญญะ	sà-dtì săm-bpà-chan-yá
memória (f)	ความทรงจำ	khwaam song jam

tirar (vt)	ถอน	thŏrn
obturação (f)	การอุด	gaan ùt
obturar (vt)	อุด	ùt

hipnose (f)	การสะกดจิต	gaan sà-gòt jìt
hipnotizar (vt)	สะกดจิต	sà-gòt jìt

51. Médicos

médico (m)	แพทย์	phâet
enfermeira (f)	พยาบาล	phá-yaa-baan
médico (m) pessoal	แพทย์ส่วนตัว	phâet sùan dtua

dentista (m)	ทันตแพทย์	than-dtà phâet
oculista (m)	จักษุแพทย์	jàk-sù phâet
terapeuta (m)	อายุรแพทย์	aa-yú-rá-phâet
cirurgião (m)	ศัลยแพทย์	săn-yá-phâet

psiquiatra (m)	จิตแพทย์	jìt-dtà-phâet
pediatra (m)	กุมารแพทย์	gù-maan phâet
psicólogo (m)	นักจิตวิทยา	nák jìt wít-thá-yaa
ginecologista (m)	นรีแพทย์	ná-ree phâet
cardiologista (m)	หทัยแพทย์	hà-thai phâet

52. Medicina. Drogas. Acessórios

medicamento (m)	ยา	yaa
remédio (m)	ยา	yaa
receitar (vt)	จ่ายยา	jàai yaa
receita (f)	ใบสั่งยา	bai sàng yaa

comprimido (m)	ยาเม็ด	yaa mét
unguento (m)	ยาทา	yaa thaa
ampola (f)	หลอดยา	lòrt yaa
solução, preparado (m)	ยาส่วนผสม	yaa sùan phà-sŏm
xarope (m)	น้ำเชื่อม	nám chêuam
cápsula (f)	ยาเม็ด	yaa mét
pó (m)	ยาผง	yaa phŏng

atadura (f)	ผ้าพันแผล	phâa phan phlăe
algodão (m)	สำลี	săm-lee
iodo (m)	ไอโอดีน	ai oh-deen

curativo (m) adesivo	พลาสเตอร์	phláat-dtêr
conta-gotas (m)	ที่หยอดตา	thêe yòrt dtaa
termômetro (m)	ปรอท	bpa -ròrt
seringa (f)	เข็มฉีดยา	khĕm chèet-yaa
cadeira (f) de rodas	รถเข็นคนพิการ	rót khĕn khon phí-gaan

muletas (f pl)	ไม้ค้ำยัน	máai khám yan
analgésico (m)	ยาแก้ปวด	yaa gâe bpùat
laxante (m)	ยาระบาย	yaa rá-baai
álcool (m)	เอธานอล	ay-thaa-norn
ervas (f pl) medicinais	สมุนไพร ทางการแพทย์	sà-mǔn phrai thaang gaan phâet
de ervas (chá ~)	สมุนไพร	sà-mǔn phrai

HABITAT HUMANO

Cidade

53. Cidade. Vida na cidade

cidade (f)	เมือง	meuang
capital (f)	เมืองหลวง	meuang lǔang
aldeia (f)	หมู่บ้าน	mòo bâan
mapa (m) da cidade	แผนที่เมือง	phǎen thêe meuang
centro (m) da cidade	ใจกลางเมือง	jai glaang-meuang
subúrbio (m)	ชานเมือง	chaan meuang
suburbano (adj)	ชานเมือง	chaan meuang
periferia (f)	รอบนอกเมือง	rôrp nôrk meuang
arredores (m pl)	เขตรอบเมือง	khàyt rôrp-meuang
quarteirão (m)	บล็อกผังเมือง	blòrk phǎng meuang
quarteirão (m) residencial	บล็อกที่อยู่อาศัย	blòrk thêe yòo aa-sǎi
tráfego (m)	การจราจร	gaan jà-raa-jon
semáforo (m)	ไฟจราจร	fai jà-raa-jon
transporte (m) público	ขนส่งมวลชน	khǒn sòng muan chon
cruzamento (m)	สี่แยก	sèe yâek
faixa (f)	ทางม้าลาย	thaang máa laai
túnel (m) subterrâneo	อุโมงค์คนเดิน	u-mohng kon dern
cruzar, atravessar (vt)	ข้าม	khâam
pedestre (m)	คนเดินเท้า	khon dern tháo
calçada (f)	ทางเท้า	thaang tháo
ponte (f)	สะพาน	sà-phaan
margem (f) do rio	ทางเลียบแม่น้ำ	thaang lîap mâe náam
fonte (f)	น้ำพุ	nám phú
alameda (f)	ทางเลียบสวน	thaang lîap sǔan
parque (m)	สวน	sǔan
bulevar (m)	ถนนกว้าง	thà-nǒn gwâang
praça (f)	จัตุรัส	jàt-dtù-ràt
avenida (f)	ถนนใหญ่	thà-nǒn yài
rua (f)	ถนน	thà-nǒn
travessa (f)	ซอย	soi
beco (m) sem saída	ทางตัน	thaang dtan
casa (f)	บ้าน	bâan
edifício, prédio (m)	อาคาร	aa-khaan
arranha-céu (m)	ตึกระฟ้า	dtèuk rá-fáa
fachada (f)	ด้านหน้าอาคาร	dâan-nâa aa-khaan
telhado (m)	หลังคา	lǎng khaa

janela (f)	หน้าต่าง	nâa dtàang
arco (m)	ซุ้มประตู	súm bprà-dtoo
coluna (f)	เสา	săo
esquina (f)	มุม	mum

vitrine (f)	หน้าต่างร้านค้า	nâa dtàang ráan kháa
letreiro (m)	ป้ายร้าน	bpâai ráan
cartaz (do filme, etc.)	โปสเตอร์	bpòht-dtêr
cartaz (m) publicitário	ป้ายโฆษณา	bpâai khôht-sà-naa
painel (m) publicitário	กระดานปิดประกาศ โฆษณา	grà-daan bpìt bprà-gàat khôht-sà-naa

lixo (m)	ขยะ	khà-yà
lata (f) de lixo	ถุงขยะ	thǎng khà-yà
jogar lixo na rua	ทิ้งขยะ	thíng khà-yà
aterro (m) sanitário	ที่ทิ้งขยะ	thêe thíng khà-yà

orelhão (m)	ตู้โทรศัพท์	dtôo thoh-rá-sàp
poste (m) de luz	เสาไฟโคม	săo khohm
banco (m)	ม้านั่ง	máa nâng

polícia (m)	เจ้าหน้าที่ตำรวจ	jâo nâa-thêe dtam-rùat
polícia (instituição)	ตำรวจ	dtam-rùat
mendigo, pedinte (m)	ขอทาน	khŏr thaan
desabrigado (m)	คนไร้บ้าน	khon rái bâan

54. Instituições urbanas

loja (f)	ร้านค้า	ráan kháa
drogaria (f)	ร้านขายยา	ráan khăai yaa
ótica (f)	ร้านตัดแว่น	ráan dtàt wâen
centro (m) comercial	ศูนย์การค้า	sŏon gaan kháa
supermercado (m)	ซูเปอร์มาร์เก็ต	soo-bper-maa-gèt

padaria (f)	ร้านขนมปัง	ráan khà-nŏm bpang
padeiro (m)	คนอบขนมปัง	khon òp khà-nŏm bpang
pastelaria (f)	ร้านขนม	ráan khà-nŏm
mercearia (f)	ร้านขายของชำ	ráan khăai khŏrng cham
açougue (m)	ร้านขายเนื้อ	ráan khăai néua

| fruteira (f) | ร้านขายผัก | ráan khăai phàk |
| mercado (m) | ตลาด | dtà-làat |

cafeteria (f)	ร้านกาแฟ	ráan gaa-fae
restaurante (m)	ร้านอาหาร	ráan aa-hăan
bar (m)	บาร์	baa
pizzaria (f)	ร้านพิซซ่า	ráan phís-sâa

salão (m) de cabeleireiro	ร้านทำผม	ráan tham phŏm
agência (f) dos correios	โรงไปรษณีย์	rohng bprai-sà-nee
lavanderia (f)	ร้านซักแห้ง	ráan sák hâeng
estúdio (m) fotográfico	ห้องถ่ายภาพ	hôrng thàai phâap
sapataria (f)	ร้านขายรองเท้า	ráan khăai rorng táo
livraria (f)	ร้านขายหนังสือ	ráan khăai năng-sěu

loja (f) de artigos esportivos	ร้านขายอุปกรณ์กีฬา	ráan khăai u-bpà-gon gee-laa
costureira (m)	ร้านซ่อมเสื้อผ้า	ráan sôrm sêua phâa
aluguel (m) de roupa	ร้านเช่าเสื้อออกงาน	ráan châo sêua òrk ngaan
videolocadora (f)	รานเชาวิดีโอ	ráan châo wí-dee-oh
circo (m)	โรงละครสัตว์	rohng lá-khon sàt
jardim (m) zoológico	สวนสัตว์	sŭan sàt
cinema (m)	โรงภาพยนตร์	rohng phâap-phá-yon
museu (m)	พิพิธภัณฑ์	phí-phítha phan
biblioteca (f)	หองสมุด	hôrng sà-mùt
teatro (m)	โรงละคร	rohng lá-khon
ópera (f)	โรงอุปรากร	rohng ù-bpà-raa-gon
boate (casa noturna)	ไนท์คลับ	nai-khláp
cassino (m)	คาสิโน	khaa-sì-noh
mesquita (f)	สุเหร่า	sù-ráo
sinagoga (f)	โบสถ์ยิว	bòht yiw
catedral (f)	อาสนวิหาร	aa sŏn wí-hăan
templo (m)	วิหาร	wí-hăan
igreja (f)	โบสถ์	bòht
faculdade (f)	วิทยาลัย	wít-thá-yaa-lai
universidade (f)	มหาวิทยาลัย	má-hăa wít-thá-yaa-lai
escola (f)	โรงเรียน	rohng rian
prefeitura (f)	ศาลากลางจังหวัด	săa-laa glaang jang-wàt
câmara (f) municipal	ศาลาเทศบาล	săa-laa thâyt-sà-baan
hotel (m)	โรงแรม	rohng raem
banco (m)	ธนาคาร	thá-naa-khaan
embaixada (f)	สถานทูต	sà-thăan thôot
agência (f) de viagens	บริษัททัวร์	bor-rí-sàt thua
agência (f) de informações	สำนักงาน	săm-nák ngaan
	ศูนย์ข้อมูล	sŏon khôr moon
casa (f) de câmbio	รานแลกเงิน	ráan lâek ngern
metrô (m)	รถไฟใต้ดิน	rót fai dtâi din
hospital (m)	โรงพยาบาล	rohng phá-yaa-baan
posto (m) de gasolina	ปั๊มน้ำมัน	bpám náam man
parque (m) de estacionamento	ลานจอดรถ	laan jòrt rót

55. Sinais

letreiro (m)	ป้ายร้าน	bpâai ráan
aviso (m)	ป้ายเตือน	bpâai dteuan
cartaz, pôster (m)	โปสเตอร์	bpòht-dtêr
placa (f) de direção	ป้ายบอกทาง	bpâai bòrk thaang
seta (f)	ลูกศร	lôok sŏn
aviso (advertência)	คำเตือน	kham dteuan
sinal (m) de aviso	ป้ายเตือน	bpâai dteuan
avisar, advertir (vt)	เตือน	dteuan

dia (m) de folga	วันหยุด	wan yùt
horário (~ dos trens, etc.)	ตารางเวลา	dtaa-raang way-laa
horário (m)	เวลาทำการ	way-laa tham gaan

BEM-VINDOS!	ยินดีต้อนรับ!	yin dee dtôrn ráp
ENTRADA	ทางเขา	thaang khâo
SAÍDA	ทางออก	thaang òrk

EMPURRE	ผลัก	phlàk
PUXE	ดึง	deung
ABERTO	เปิด	bpèrt
FECHADO	ปิด	bpìt

| MULHER | หญิง | yĭng |
| HOMEM | ชาย | chaai |

DESCONTOS	ลดราคา	lót raa-khaa
SALDOS, PROMOÇÃO	ขายของลดราคา	khăai khŏrng lót raa-khaa
NOVIDADE!	ใหม่!	mài
GRÁTIS	ฟรี	free

ATENÇÃO!	โปรดทราบ!	bpròht sâap
NÃO HÁ VAGAS	ไม่มีห้องว่าง	mâi mee hôrng wâang
RESERVADO	จองแล้ว	jorng láew

| ADMINISTRAÇÃO | สำนักงาน | săm-nák ngaan |
| SOMENTE PESSOAL AUTORIZADO | เฉพาะพนักงาน | chà-phór phá-nák ngaan |

CUIDADO CÃO FEROZ	ระวังสุนัข!	rá-wang sù-nák
PROIBIDO FUMAR!	ห้ามสูบบุหรี่	hâam sòop bù rèe
NÃO TOCAR	ห้ามแตะ!	hâam dtàe

PERIGOSO	อันตราย	an-dtà-raai
PERIGO	อันตราย	an-dtà-raai
ALTA TENSÃO	ไฟฟ้าแรงสูง	fai fáa raeng sŏong
PROIBIDO NADAR	ห้ามว่ายน้ำ!	hâam wâai náam
COM DEFEITO	เสีย	sĭa

INFLAMÁVEL	อันตรายติดไฟ	an-dtà-raai dtìt fai
PROIBIDO	ห้าม	hâam
ENTRADA PROIBIDA	ห้ามผ่าน!	hâam phàan
CUIDADO TINTA FRESCA	สีพื้นเปียก	sĕe phéun bpìak

56. Transportes urbanos

ônibus (m)	รถเมล์	rót may
bonde (m) elétrico	รถราง	rót raang
trólebus (m)	รถโดยสารประจำทางไฟฟ้า	rót doi săan bprà-jam thaang fai fáa
rota (f), itinerário (m)	เส้นทาง	sên thaang
número (m)	หมายเลข	măai lâyk
ir de ... (carro, etc.)	ไปด้วย	bpai dûay
entrar no ...	ขึ้น	khêun

descer do ...	ลุง	long
parada (f)	ป้าย	bpâai
próxima parada (f)	ป้ายถัดไป	bpâai thàt bpai
terminal (m)	ป้ายสุดท้าย	bpâai sùt tháai
horário (m)	ตารางเวลา	dtaa-raang way-laa
esperar (vt)	รอ	ror

| passagem (f) | ตั๋ว | dtŭa |
| tarifa (f) | ค่าตั๋ว | khâa dtŭa |

bilheteiro (m)	คนขายตั๋ว	khon khăai dtŭa
controle (m) de passagens	การตรวจตั๋ว	gaan dtrùat dtŭa
revisor (m)	พนักงานตรวจตั๋ว	phá-nák ngaan dtrùat dtŭa

atrasar-se (vr)	ไปสาย	bpai săai
perder (o autocarro, etc.)	พลาด	phlâat
estar com pressa	รีบเร่ง	rêep râyng

táxi (m)	แท็กซี่	tháek-sêe
taxista (m)	คนขับแท็กซี่	khon khàp tháek-sêe
de táxi (ir ~)	โดยแท็กซี่	doi tháek-sêe
ponto (m) de táxis	ป้ายจอดแท็กซี่	bpâai jòrt tháek sêe
chamar um táxi	เรียกแท็กซี่	rîak tháek sêe
pegar um táxi	ขึ้นรถแท็กซี่	khêun rót tháek-sêe

tráfego (m)	การจราจร	gaan jà-raa-jon
engarrafamento (m)	การจราจรติดขัด	gaan jà-raa-jon dtìt khàt
horas (f pl) de pico	ชั่วโมงเร่งด่วน	chûa mohng râyng dùan
estacionar (vi)	จอด	jòrt
estacionar (vt)	จอด	jòrt
parque (m) de estacionamento	ลานจอดรถ	laan jòrt rót

metrô (m)	รถไฟใต้ดิน	rót fai dtâi din
estação (f)	สถานี	sà-thăa-nee
ir de metrô	ขึ้นรถไฟใต้ดิน	khêun rót fai dtâi din
trem (m)	รถไฟ	rót fai
estação (f) de trem	สถานีรถไฟ	sà-thăa-nee rót fai

57. Turismo

monumento (m)	อนุสาวรีย์	a-nú-săa-wá-ree
fortaleza (f)	ป้อม	bpôrm
palácio (m)	วัง	wang
castelo (m)	ปราสาท	bpraa-sàat
torre (f)	หอ	hŏr
mausoléu (m)	สุสาน	sù-săan

arquitetura (f)	สถาปัตยกรรม	sà-thăa-bpàt-dtà-yá-gam
medieval (adj)	ยุคกลาง	yúk glaang
antigo (adj)	โบราณ	boh-raan
nacional (adj)	แห่งชาติ	hàeng châat
famoso, conhecido (adj)	ที่มีชื่อเสียง	thêe mee chêu-sĭang
turista (m)	นักท่องเที่ยว	nák thôrng thîeow
guia (pessoa)	มัคคุเทศก์	mák-khú-thâyt

excursão (f)	ทัศนศึกษา	thát-sà-ná-sèuk-săa
mostrar (vt)	แสดง	sà-daeng
contar (vt)	เลา	lâo
encontrar (vt)	หาพบ	hăa phóp
perder-se (vr)	หลงทาง	lŏng thaang
mapa (~ do metrô)	แผนที่	phăen thêe
mapa (~ da cidade)	แผนที่	phăen thêe
lembrança (f), presente (m)	ของที่ระลึก	khŏrng thêe rá-léuk
loja (f) de presentes	รานขาย	ráan khăai
	ของที่ระลึก	khŏrng thêe rá-léuk
tirar fotos, fotografar	ถ่ายภาพ	thàai phâap
fotografar-se (vr)	ได้รับการ	dâai ráp gaan
	ถายภาพให	thàai phâap hâi

58. Compras

comprar (vt)	ซื้อ	séu
compra (f)	ของซื้อ	khŏrng séu
fazer compras	ไปซื้อของ	bpai séu khŏrng
compras (f pl)	การชอปปิง	gaan chôp bping
estar aberta (loja)	เปิด	bpèrt
estar fechada	ปิด	bpìt
calçado (m)	รองเท้า	rorng tháo
roupa (f)	เสื้อผา	sêua phâa
cosméticos (m pl)	เครื่องสำอาง	khrêuang săm-aang
alimentos (m pl)	อาหาร	aa-hăan
presente (m)	ของขวัญ	khŏrng khwăn
vendedor (m)	พนักงานขาย	phá-nák ngaan khăai
vendedora (f)	พนักงานขาย	phá-nák ngaan khăai
caixa (f)	ที่จ่ายเงิน	thêe jàai ngern
espelho (m)	กระจก	grà-jòk
balcão (m)	เคานเตอร์	khao-dtêr
provador (m)	หองลองเสื้อผา	hôrng lorng sêua phâa
provar (vt)	ลอง	lorng
servir (roupa, caber)	เหมาะ	mò
gostar (apreciar)	ชอบ	chôrp
preço (m)	ราคา	raa-khaa
etiqueta (f) de preço	ป้ายราคา	bpâai raa-khaa
custar (vt)	ราคา	raa-khaa
Quanto?	ราคาเท่าไหร่?	raa-khaa thâo rài
desconto (m)	ลดราคา	lót raa-khaa
não caro (adj)	ไม่แพง	mâi phaeng
barato (adj)	ถูก	thòok
caro (adj)	แพง	phaeng
É caro	มันราคาแพง	man raa-khaa phaeng

aluguel (m)	การเช่า	gaan châo
alugar (roupas, etc.)	เช่า	châo
crédito (m)	สินเชื่อ	sĭn chêua
a crédito	ซื้อเงินเชื่อ	séu ngern chêua

59. Dinheiro

dinheiro (m)	เงิน	ngern
câmbio (m)	การแลกเปลี่ยนสกุลเงิน	gaan lâek bplìan sà-gun ngern
taxa (f) de câmbio	อัตราแลกเปลี่ยนสกุลเงิน	àt-dtraa lâek bplìan sà-gun ngern
caixa (m) eletrônico	เอทีเอ็ม	ay-thee-em
moeda (f)	เหรียญ	rĭan
dólar (m)	ดอลลาร์	dorn-lâa
euro (m)	ยูโร	yoo-roh
lira (f)	ลีราอิตาลี	lee-raa ì-dtaa-lee
marco (m)	มารค์	mâak
franco (m)	ฟรังค์	frang
libra (f) esterlina	ปอนด์สเตอร์ลิง	bporn sà-dtêr-ling
iene (m)	เยน	yayn
dívida (f)	หนี้	nêe
devedor (m)	ลูกหนี้	lôok nêe
emprestar (vt)	ให้ยืม	hâi yeum
pedir emprestado	ขอยืม	khŏr yeum
banco (m)	ธนาคาร	thá-naa-khaan
conta (f)	บัญชี	ban-chee
depositar (vt)	ฝาก	fàak
depositar na conta	ฝากเงินเข้าบัญชี	fàak ngern khâo ban-chee
sacar (vt)	ถอน	thŏrn
cartão (m) de crédito	บัตรเครดิต	bàt khray-dìt
dinheiro (m) vivo	เงินสด	ngern sòt
cheque (m)	เช็ค	chék
passar um cheque	เขียนเช็ค	khĭan chék
talão (m) de cheques	สมุดเช็ค	sà-mùt chék
carteira (f)	กระเป๋าเงิน	grà-bpăo ngern
niqueleira (f)	กระเป๋าสตางค์	grà-bpăo sà-dtaang
cofre (m)	ตู้เซฟ	dtôo sâyf
herdeiro (m)	ทายาท	thaa-yâat
herança (f)	มรดก	mor-rá-dòrk
fortuna (riqueza)	เงินจำนวนมาก	ngern jam-nuan mâak
arrendamento (m)	สัญญาเช่า	săn-yaa châo
aluguel (pagar o ~)	ค่าเช่า	kâa châo
alugar (vt)	เช่า	châo
preço (m)	ราคา	raa-khaa
custo (m)	ราคา	raa-khaa

soma (f)	จำนวนเงินรวม	jam-nuan ngern ruam
gastar (vt)	จ่าย	jàai
gastos (m pl)	ค่าจ่าย	khâa jàai
economizar (vi)	ประหยัด	bprà-yàt
econômico (adj)	ประหยัด	bprà-yàt
pagar (vt)	จ่าย	jàai
pagamento (m)	การจ่ายเงิน	gaan jàai ngern
troco (m)	เงินทอน	ngern thorn
imposto (m)	ภาษี	phaa-sěe
multa (f)	ค่าปรับ	khâa bpràp
multar (vt)	ปรับ	bpràp

60. Correios. Serviço postal

agência (f) dos correios	โรงไปรษณีย์	rohng bprai-sà-nee
correio (m)	จดหมาย	jòt mǎai
carteiro (m)	บุรุษไปรษณีย์	bù-rùt bprai-sà-nee
horário (m)	เวลาทำการ	way-laa tham gaan
carta (f)	จดหมาย	jòt mǎai
carta (f) registada	จดหมายลงทะเบียน	jòt mǎai long thá-bian
cartão (m) postal	ไปรษณียบัตร	bprai-sà-nee-yá-bàt
telegrama (m)	โทรเลข	thoh-rá-lâyk
encomenda (f)	พัสดุ	phát-sà-dù
transferência (f) de dinheiro	การโอนเงิน	gaan ohn ngern
receber (vt)	รับ	ráp
enviar (vt)	ฝาก	fàak
envio (m)	การฝาก	gaan fàak
endereço (m)	ที่อยู่	thêe yòo
código (m) postal	รหัสไปรษณีย์	rá-hàt bprai-sà-nee
remetente (m)	ผู้ฝาก	phôo fàak
destinatário (m)	ผู้รับ	phôo ráp
nome (m)	ชื่อ	chêu
sobrenome (m)	นามสกุล	naam sà-gun
tarifa (f)	อัตราค่าส่ง ไปรษณีย์	àt-dtraa khâa sòng bprai-sà-nee
ordinário (adj)	มาตรฐาน	mâat-dtrà-thǎan
econômico (adj)	ประหยัด	bprà-yàt
peso (m)	น้ำหนัก	nám nàk
pesar (estabelecer o peso)	มีน้ำหนัก	mee nám nàk
envelope (m)	ซอง	sorng
selo (m) postal	แสตมป์ไปรษณีย์	sà-dtaem bprai-sà-nee
colar o selo	แสตมป์ตราประทับบนซอง	sà-dtaem dtraa bprà-tháp bon song

Moradia. Casa. Lar

61. Casa. Eletricidade

eletricidade (f)	ไฟฟ้า	fai fáa
lâmpada (f)	หลอดไฟฟ้า	lòrt fai fáa
interruptor (m)	ปุ่มปิดเปิดไฟ	bpùm bpìt bpèrt fai
fusível, disjuntor (m)	ฟิวส์	fiw
fio, cabo (m)	สายไฟฟ้า	săai fai fáa
instalação (f) elétrica	การเดินสายไฟ	gaan dern săai fai
medidor (m) de eletricidade	มิเตอร์วัดไฟฟ้า	mí-dtêr wát fai fáa
indicação (f), registro (m)	คามิเตอร์	khâa mí-dtêr

62. Moradia. Mansão

casa (f) de campo	บ้านสไตล์คันทรี่	bâan sà-dtai khan trêe
vila (f)	คฤหาสน์	khá-réu-hàat
ala (~ do edifício)	สวน	sùan
jardim (m)	สวน	sŭan
parque (m)	สวน	sŭan
estufa (f)	เรือนกระจกเขตร้อน	reuan grà-jòk khàyt rórn
cuidar de ...	ดูแล	doo lae
piscina (f)	สระว่ายน้ำ	sà wâai náam
academia (f) de ginástica	โรงยิม	rohng-yim
quadra (f) de tênis	สนามเทนนิส	sà-năam then-nít
cinema (m)	หองฉายหนัง	hôrng chăai năng
garagem (f)	โรงรถ	rohng rót
propriedade (f) privada	ทรัพย์สินส่วนบุคคล	sáp sĭn sùan bùk-khon
terreno (m) privado	ที่ดินส่วนบุคคล	thêe din sùan bùk-khon
advertência (f)	คำเตือน	kham dteuan
sinal (m) de aviso	ป้ายเตือน	bpâai dteuan
guarda (f)	ผู้รักษา ความปลอดภัย	phôo rák-săa khwaam bplòrt phai
guarda (m)	ยาม	yaam
alarme (m)	สัญญาณกันขโมย	săn-yaan gan khà-moi

63. Apartamento

apartamento (m)	อพาร์ตเมนต์	a-phâat-mayn
quarto, cômodo (m)	ห้อง	hôrng

quarto (m) de dormir	ห้องนอน	hôrng norn
sala (f) de jantar	หองรับประทาน	hôrng ráp bprà-thaan
	อาหาร	aa-hǎan
sala (f) de estar	ห้องนั่งเล่น	hôrng nâng lên
escritório (m)	หองทำงาน	hôrng tham ngaan
sala (f) de entrada	ห้องเข้า	hôrng khâo
banheiro (m)	ห้องน้ำ	hôrng náam
lavabo (m)	หองสวม	hôrng sûam
teto (m)	เพดาน	phay-daan
chão, piso (m)	พื้น	phéun
canto (m)	มุม	mum

64. Mobiliário. Interior

mobiliário (m)	เครื่องเรือน	khrêuang reuan
mesa (f)	โต๊ะ	dtó
cadeira (f)	เก้าอี้	gâo-êe
cama (f)	เตียง	dtiang
sofá, divã (m)	โซฟา	soh-faa
poltrona (f)	เก้าอี้เท้าแขน	gâo-êe tháo khǎen
estante (f)	ตู้หนังสือ	dtôo nǎng-sěu
prateleira (f)	ชั้นวาง	chán waang
guarda-roupas (m)	ตู้เสื้อผ้า	dtôo sêua phâa
cabide (m) de parede	ที่แขวนเสื้อ	thêe khwǎen sêua
cabideiro (m) de pé	ไมแขวนเสื้อ	mái khwǎen sêua
cômoda (f)	ตู้ลิ้นชัก	dtôo lín chák
mesinha (f) de centro	โต๊ะกาแฟ	dtó gaa-fae
espelho (m)	กระจก	grà-jòk
tapete (m)	พรม	phrom
tapete (m) pequeno	พรมเช็ดเท้า	phrom chét tháo
lareira (f)	เตาผิง	dtao phǐng
vela (f)	เทียน	thian
castiçal (m)	เชิงเทียน	cherng thian
cortinas (f pl)	ผ้าแขวน	phâa khwǎen
papel (m) de parede	วอลเปเปอร์	worn-bpay-bper
persianas (f pl)	บานเกล็ดหน้าต่าง	baan glèt nâa dtàang
luminária (f) de mesa	โคมไฟตั้งโต๊ะ	khohm fai dtâng dtó
luminária (f) de parede	ไฟติดผนัง	fai dtìt phà-nǎng
abajur (m) de pé	โคมไฟตั้งพื้น	khohm fai dtâng phéun
lustre (m)	โคมระย้า	khohm rá-yáa
pé (de mesa, etc.)	ขา	khǎa
braço, descanso (m)	ที่พักแขน	thêe phák khǎen
costas (f pl)	พนักพิง	phá-nák phing
gaveta (f)	ลิ้นชัก	lín chák

65. Quarto de dormir

roupa (f) de cama	ชุดผ้าปูที่นอน	chút phâa bpoo thêe norn
travesseiro (m)	หมอน	mŏrn
fronha (f)	ปลอกหมอน	bplòk mŏrn
cobertor (m)	ผ้าห่วย	phâa phŭay
lençol (m)	ผ้าปู	phâa bpoo
colcha (f)	ผ้าคลุมเตียง	phâa khlum dtiang

66. Cozinha

cozinha (f)	ห้องครัว	hôrng khrua
gás (m)	แกส	gáet
fogão (m) a gás	เตาแก็สู	dtao gàet
fogão (m) elétrico	เตาไฟฟ้า	dtao fai-fáa
forno (m)	เตาอบ	dtao òp
forno (m) de micro-ondas	เตาอบไมโครเวฟ	dtao òp mai-khroh-we p
geladeira (f)	ตู้เย็น	dtôo yen
congelador (m)	ตูแชแข็ง	dtôo châe khăeng
máquina (f) de lavar louça	เครื่องล้างจาน	khrêuang láang jaan
moedor (m) de carne	เครื่องบดเนื้อ	khrêuang bòt néua
espremedor (m)	เครื่องคั้น	khrêuang khán
	น้ำผลไม้	náam phŏn-lá-mái
torradeira (f)	เครื่องปิ้ง	khrêuang bpîng
	ขนมปัง	khà-nŏm bpang
batedeira (f)	เครื่องปั่น	khrêuang bpàn
máquina (f) de café	เครื่องชงกาแฟ	khrêuang chong gaa-fae
cafeteira (f)	หมอกาแฟ	môr gaa-fae
moedor (m) de café	เครื่องบดกาแฟ	khrêuang bòt gaa-fae
chaleira (f)	กาน้ำ	gaa náam
bule (m)	กาน้ำชา	gaa náam chaa
tampa (f)	ฝา	făa
coador (m) de chá	ที่กรองชา	thêe grorng chaa
colher (f)	ช้อน	chórn
colher (f) de chá	ช้อนชา	chórn chaa
colher (f) de sopa	ช้อนซุป	chórn súp
garfo (m)	ส้อม	sôrm
faca (f)	มีด	mêet
louça (f)	ถ้วยชาม	thûay chaam
prato (m)	จาน	jaan
pires (m)	จานรอง	jaan rorng
cálice (m)	แก้วช็อต	gâew chórt
copo (m)	แก้ว	gâew
xícara (f)	ถ้วย	thûay
açucareiro (m)	โถน้ำตาล	thŏh náam dtaan
saleiro (m)	กระปุกเกลือ	grà-bpùk gleua

pimenteiro (m)	กระปุกพริกไท	grà-bpùk phrík thai
manteigueira (f)	ที่ใส่เนย	thêe sài noie
panela (f)	หม้อต้ม	môr dtôm
frigideira (f)	กระทะ	grà-thá
concha (f)	กระบวย	grà-buay
coador (m)	กระชอน	grà chorn
bandeja (f)	ถาด	thàat
garrafa (f)	ขวด	khùat
pote (m) de vidro	ขวดโหล	khùat lŏh
lata (~ de cerveja)	กระป๋อง	grà-bpŏrng
abridor (m) de garrafa	ที่เปิดขวด	thêe bpèrt khùat
abridor (m) de latas	ที่เปิดกระป๋อง	thêe bpèrt grà-bpŏrng
saca-rolhas (m)	ที่เปิดจุก	thêe bpèrt jùk
filtro (m)	ที่กรอง	thêe grorng
filtrar (vt)	กรอง	grorng
lixo (m)	ขยะ	khà-yà
lixeira (f)	ถังขยะ	thăng khà-yà

67. Casa de banho

banheiro (m)	ห้องน้ำ	hôrng náam
água (f)	น้ำ	nám
torneira (f)	ก๊อกน้ำ	gòk náam
água (f) quente	น้ำรอน	nám rórn
água (f) fria	น้ำเย็น	nám yen
pasta (f) de dente	ยาสีฟัน	yaa sĕe fan
escovar os dentes	แปรงฟัน	bpraeng fan
escova (f) de dente	แปรงสีฟัน	bpraeng sĕe fan
barbear-se (vr)	โกน	gohn
espuma (f) de barbear	โฟมโกนหนวด	fohm gohn nùat
gilete (f)	มีดโกน	mêet gohn
lavar (vt)	ล้าง	láang
tomar banho	อาบ	àap
chuveiro (m), ducha (f)	ฝักบัว	fàk bua
tomar uma ducha	อาบน้ำฝักบัว	àap náam fàk bua
banheira (f)	อ่างอาบน้ำ	àang àap náam
vaso (m) sanitário	โถส้วมโครก	thŏh chák khrôhk
pia (f)	อางลางหนา	àang láang-nâa
sabonete (m)	สบู่	sà-bòo
saboneteira (f)	ที่ใส่สบู่	thêe sài sà-bòo
esponja (f)	ฟองน้ำ	forng náam
xampu (m)	แชมพู	chaem-phoo
toalha (f)	ผ้าเช็ดตัว	phâa chét dtua
roupão (m) de banho	เสื้อคลุมอาบน้ำ	sêua khlum àap náam

lavagem (f)	การซักผ้า	gaan sák phâa
lavadora (f) de roupas	เครื่องซักผ้า	khrêuang sák phâa
lavar a roupa	ซักผ้า	sák phâa
detergente (m)	ผงซักฟอก	phŏng sák-fôrk

68. Eletrodomésticos

televisor (m)	ทีวี	thee-wee
gravador (m)	เครื่องบันทึกเทป	khrêuang ban-théuk thâyp
videogravador (m)	เครื่องบันทึกวิดีโอ	khrêuang ban-théuk wí-dee-oh
rádio (m)	วิทยุ	wít-thá-yú
leitor (m)	เครื่องเล่น	khrêuang lên
projetor (m)	โปรเจ็คเตอร์	bproh-jèk-dtêr
cinema (m) em casa	เครื่องฉายภาพยนตร์ที่บ้าน	khhrêuang chăai phâap-phá-yon thêe bâan
DVD Player (m)	เครื่องเล่น DVD	khrêuang lên dee-wee-dee
amplificador (m)	เครื่องขยายเสียง	khrêuang khà-yăai sĭang
console (f) de jogos	เครื่องเกมคอนโซล	khrêuang gaym khorn sohn
câmera (f) de vídeo	กล้องถ่ายวิดีโอ	glôrng thàai wí-dee-oh
máquina (f) fotográfica	กล้องถายรูป	glôrng thàai rôop
câmera (f) digital	กลองดิจิตอล	glôrng dì-jì-dton
aspirador (m)	เครื่องดูดฝุ่น	khrêuang dòot fùn
ferro (m) de passar	เตารีด	dtao rêet
tábua (f) de passar	กระดานรองรีด	grà-daan rorng rêet
telefone (m)	โทรศัพท์	thoh-rá-sàp
celular (m)	มือถือ	meu thĕu
máquina (f) de escrever	เครื่องพิมพ์ดีด	khrêuang phim dèet
máquina (f) de costura	จักรเย็บผ้า	jàk yép phâa
microfone (m)	ไมโครโฟน	mai-khroh-fohn
fone (m) de ouvido	หูฟัง	hŏo fang
controle remoto (m)	รีโมตทีวี	ree môht thee wee
CD (m)	CD	see-dee
fita (f) cassete	เทป	thâyp
disco (m) de vinil	จานเสียง	jaan sĭang

ATIVIDADES HUMANAS

Emprego. Negócios. Parte 1

69. Escritório. O trabalho no escritório

escritório (~ de advogados)	สำนักงาน	săm-nák ngaan
escritório (do diretor, etc.)	ห้องทำงาน	hôrng tham ngaan
recepção (f)	แผนกต้อนรับ	phà-nàek dtôrn ráp
secretário (m)	เลขา	lay-khăa
secretária (f)	เลขา	lay-khăa
diretor (m)	ผู้อำนวยการ	phôo am-nuay gaan
gerente (m)	ผู้จัดการ	phôo jàt gaan
contador (m)	คนทำบัญชี	khon tham ban-chee
empregado (m)	พนักงาน	phá-nák ngaan
mobiliário (m)	เครื่องเรือน	khrêuang reuan
mesa (f)	โต๊ะ	dtó
cadeira (f)	เก้าอี้สำนักงาน	gâo-êe săm-nák ngaan
gaveteiro (m)	ตู้มีลิ้นชัก	dtôo mee lín chák
cabideiro (m) de pé	ไม้แขวนเสื้อ	mái khwăen sêua
computador (m)	คอมพิวเตอร์	khorm-phiw-dtêr
impressora (f)	เครื่องพิมพ์	khrêuang phim
fax (m)	เครื่องโทรสาร	khrêuang thoh-rá-săan
fotocopiadora (f)	เครื่องอัดสำเนา	khrêuang àt săm-nao
papel (m)	กระดาษ	grà-dàat
artigos (m pl) de escritório	เครื่องใช้สำนักงาน	khrêuang chái săm-nák ngaan
tapete (m) para mouse	แผ่นรองเมาส์	phàen rorng mao
folha (f)	ใบ	bai
pasta (f)	แฟ้ม	fáem
catálogo (m)	บัญชีรายชื่อ	ban-chee raai chêu
lista (f) telefônica	สมุดโทรศัพท์	sà-mùt thoh-rá-sàp
documentação (f)	เอกสาร	àyk săan
brochura (f)	โบรชัวร์	broh-chua
panfleto (m)	ใบปลิว	bai bpliw
amostra (f)	ตัวอย่าง	dtua yàang
formação (f)	การประชุมฝึกอบรม	gaan bprà-chum fèuk òp-rom
reunião (f)	การประชุม	gaan bprà-chum
hora (f) de almoço	การพักเที่ยง	gaan phák thîang
fazer uma cópia	ทำสำเนา	tham săm-nao
tirar cópias	ทำสำเนาหลายฉบับ	tham săm-nao lăai chà-bàp
receber um fax	รับโทรสาร	ráp thoh-rá-săan

enviar um fax	ส่งโทรสาร	sòng thoh-rá-săan
fazer uma chamada	โทรศัพท์	thoh-rá-sàp
responder (vt)	รับสาย	ráp săai
passar (vt)	โอนสาย	ohn săai
marcar (vt)	นัด	nát
demonstrar (vt)	สาธิต	săa-thít
estar ausente	ขาด	khàat
ausência (f)	การขาด	gaan khàat

70. Processos negociais. Parte 1

negócio (m)	ธุรกิจ	thú-rá gìt
ocupação (f)	อาชีพ	aa-chêep
firma, empresa (f)	บริษัท	bor-rí-sàt
companhia (f)	บริษัท	bor-rí-sàt
corporação (f)	บริษัท	bor-rí-sàt
empresa (f)	บริษัท	bor-rí-sàt
agência (f)	สำนักงาน	săm-nák ngaan
acordo (documento)	ข้อตกลง	khôr dtòk long
contrato (m)	สัญญา	săn-yaa
acordo (transação)	ข้อตกลง	khôr dtòk long
pedido (m)	การสั่ง	gaan sàng
termos (m pl)	เงื่อนไข	ngêuan khăi
por atacado	ขายส่ง	khăai sòng
por atacado (adj)	ขายส่ง	khăai sòng
venda (f) por atacado	การขายส่ง	gaan khăai sòng
a varejo	ขายปลีก	khăai bplèek
venda (f) a varejo	การขายปลีก	gaan khăai bplèek
concorrente (m)	คู่แข่ง	khôo khàeng
concorrência (f)	การแข่งขัน	gaan khàeng khăn
competir (vi)	แข่งขัน	khàeng khăn
sócio (m)	พันธมิตร	phan-thá-mít
parceria (f)	หางหุนส่วน	hâang hûn sùan
crise (f)	วิกฤติ	wí-grìt
falência (f)	การลมละลาย	gaan lóm lá-laai
entrar em falência	ลมละลาย	lóm lá-laai
dificuldade (f)	ความยากลำบาก	khwaam yâak lam-bàak
problema (m)	ปัญหา	bpan-hăa
catástrofe (f)	ความหายนะ	khwaam hăa-yá-ná
economia (f)	เศรษฐกิจ	sàyt-thà-gìt
econômico (adj)	ทางเศรษฐกิจ	thaang sàyt-thà-gìt
recessão (f) econômica	เศรษฐกิจถดถอย	sàyt-thà-gìt thòt thŏi
objetivo (m)	เป้าหมาย	bpâo măai
tarefa (f)	งาน	ngaan
comerciar (vi, vt)	แลกเปลี่ยน	lâek bplìan

rede (de distribuição)	เครือข่าย	khreua khàai
estoque (m)	คลังสินค้า	khlang sĭn kháa
sortimento (m)	ประเภทสินค้า ต่างๆ	bprà-phâyt sĭn kháa dtàang dtàang

líder (m)	ผู้นำ	phôo nam
grande (~ empresa)	ขนาดใหญ่	khà-nàat yài
monopólio (m)	การผูกขาด	gaan phòok khàat

teoria (f)	ทฤษฎี	thrít-sà-dee
prática (f)	การดำเนินการ	gaan dam-nern gaan
experiência (f)	ประสบการณ์	bprà-sòp gaan
tendência (f)	แนวโน้ม	naew nóhm
desenvolvimento (m)	การพัฒนา	gaan phát-thá-naa

71. Processos negociais. Parte 2

rentabilidade (f)	กำไร	gam-rai
rentável (adj)	กำไร	gam-rai

delegação (f)	คณะผู้แทน	khá-ná phôo thaen
salário, ordenado (m)	เงินเดือน	ngern deuan
corrigir (~ um erro)	แก้ไข	gâe khăi
viagem (f) de negócios	การเดินทางไปทำธุรกิจ	gaan dern taang bpai tham thú-rá gìt
comissão (f)	คณะ	khá-ná

controlar (vt)	ควบคุม	khûap khum
conferência (f)	งานประชุม	ngaan bprà-chum
licença (f)	ใบอนุญาต	bai a-nú-yâat
confiável (adj)	พึ่งพาได้	phêung phaa dâai

empreendimento (m)	การริเริ่ม	gaan rí-rêrm
norma (f)	มาตรฐาน	mâat-dtrà-thăan
circunstância (f)	ภาวะ	phaa-wá
dever (do empregado)	หน้าที่	nâa thêe

empresa (f)	องค์การ	ong gaan
organização (f)	การจัด	gaan jàt
organizado (adj)	ที่ถูกจัด	thêe thòok jàt
anulação (f)	การยกเลิก	gaan yók lêrk
anular, cancelar (vt)	ยกเลิก	yók lêrk
relatório (m)	รายงาน	raai ngaan

patente (f)	สิทธิบัตร	sìt-thí bàt
patentear (vt)	จดสิทธิบัตร	jòt sìt-thí bàt
planejar (vt)	วางแผน	waang phăen

bônus (m)	โบนัส	boh-nát
profissional (adj)	ทางวิชาชีพ	thaang wí-chaa chêep
procedimento (m)	กระบวนการ	grà-buan gaan

examinar (~ a questão)	ปรึกษาหารือ	bprèuk-săa hăa-reu
cálculo (m)	การนับ	gaan náp

reputação (f)	ความมีหน้ามีตา	khwaam mee nâa mee dtaa
risco (m)	ความเสี่ยง	khwaam sìang
dirigir (~ uma empresa)	บริหาร	bor-rí-hǎan
informação (f)	ข้อมูล	khôr moon
propriedade (f)	ทรัพย์สิน	sáp sǐn
união (f)	สหภาพ	sà-hà phâap
seguro (m) de vida	การประกันชีวิต	gaan bprà-gan chee-wít
fazer um seguro	ประกันภัย	bprà-gan phai
seguro (m)	การประกันภัย	gaan bprà-gan phai
leilão (m)	การขายเลหลัง	gaan khǎai lay-lǎng
notificar (vt)	แจง	jâeng
gestão (f)	การบริหาร	gaan bor-rí-hǎan
serviço (indústria de ~s)	บริการ	bor-rí-gaan
fórum (m)	การประชุมฟอรั่ม	gaan bprà-chum for-râm
funcionar (vi)	ดำเนินการ	dam-nern gaan
estágio (m)	ขั้น	khân
jurídico, legal (adj)	ทางกฎหมาย	thaang gòt mǎai
advogado (m)	ทนายความ	thá-naai khwaam

72. Produção. Trabalhos

usina (f)	โรงงาน	rohng ngaan
fábrica (f)	โรงงาน	rohng ngaan
oficina (f)	ห้องทำงาน	hôrng tham ngaan
local (m) de produção	ที่ผลิต	thêe phà-lìt
indústria (f)	อุตสาหกรรม	út-saa há-gam
industrial (adj)	ทางอุตสาหกรรม	thaang ùt-sǎa-hà-gam
indústria (f) pesada	อุตสาหกรรมหนัก	ùt-sǎa-hà-gam nàk
indústria (f) ligeira	อุตสาหกรรมเบา	ùt-sǎa-hà-gam bao
produção (f)	ผลิตภัณฑ์	phà-lìt-dtà-phan
produzir (vt)	ผลิต	phà-lìt
matérias-primas (f pl)	วัตถุดิบ	wát-thù dìp
chefe (m) de obras	คนคุมงาน	khon khum ngaan
equipe (f)	ทีมคนงาน	theem khon ngaan
operário (m)	คนงาน	khon ngaan
dia (m) de trabalho	วันทำงาน	wan tham ngaan
intervalo (m)	หยุดพัก	yùt phák
reunião (f)	การประชุม	gaan bprà-chum
discutir (vt)	หารือ	hǎa-reu
plano (m)	แผน	phǎen
cumprir o plano	ทำตามแผน	tham dtaam phǎen
taxa (f) de produção	อัตราผลลัพธ์	àt-dtraa phǒn láp
qualidade (f)	คุณภาพ	khun-ná-phâap
controle (m)	การควบคุม	gaan khûap khum
controle (m) da qualidade	การควบคุม คุณภาพ	gaan khûap khum khun-ná-phâap

segurança (f) no trabalho	ความปลอดภัย ในที่ทำงาน	khwaam bplòrt phai nai thêe tham ngaan
disciplina (f)	วินัย	wí-nai
infração (f)	การละเมิด	gaan lá-mêrt
violar (as regras)	ละเมิด	lá-mêrt
greve (f)	การประท้วงหยุดงาน	gaan bprà-thúang yùt ngaan
grevista (m)	ผู้ประท้วงหยุดงาน	phôo bprà-thúang yùt ngaan
estar em greve	ประท้วงหยุดงาน	bprà-thúang yùt ngaan
sindicato (m)	สหภาพแรงงาน	sà-hà-phâap raeng ngaan
inventar (vt)	ประดิษฐ์	bprà-dìt
invenção (f)	สิ่งประดิษฐ์	sìng bprà-dìt
pesquisa (f)	การวิจัย	gaan wí-jai
melhorar (vt)	ทำให้ดีขึ้น	tham hâi dee khêun
tecnologia (f)	เทคโนโลยี	thék-noh-loh-yee
desenho (m) técnico	ภาพร่างทางเทคนิค	phâap-râang thaang thék-nìk
carga (f)	ของบรรทุก	khŏrng ban-thúk
carregador (m)	คนงานยกของ	khon ngaan yók khŏrng
carregar (o caminhão, etc.)	บรรทุก	ban-thúk
carregamento (m)	การบรรทุก	gaan ban-thúk
descarregar (vt)	ขนออก	khŏn òrk
descarga (f)	การขนออก	gaan khŏn òrk
transporte (m)	การขนส่ง	gaan khŏn sòng
companhia (f) de transporte	บริษัทขนส่ง	bor-rí-sàt khŏn sòng
transportar (vt)	ขนส่ง	khŏn sòng
vagão (m) de carga	ตู้รถไฟรถ	dtôo rót fai
tanque (m)	ถัง	thăng
caminhão (m)	รถบรรทุก	rót ban-thúk
máquina (f) operatriz	เครื่องมือกล	khrêuang meu gon
mecanismo (m)	กลไก	gon-gai
resíduos (m pl) industriais	ของเสียจากโรงงาน	khŏrng sĭa jàak rohng ngaan
embalagem (f)	การทำหีบห่อ	gaan tham hèep hòr
embalar (vt)	แพ็คหีบห่อ	pháek hèep hòr

73. Contrato. Acordo

contrato (m)	สัญญา	săn-yaa
acordo (m)	ข้อตกลง	khôr dtòk long
adendo, anexo (m)	ภาคผนวก	phâak phà-nùak
assinar o contrato	ลงนามในสัญญา	long naam nai săn-yaa
assinatura (f)	ลายมือชื่อ	laai meu chêu
assinar (vt)	ลงนาม	long naam
carimbo (m)	ตราประทับ	dtraa bprà-tháp
objeto (m) do contrato	หัวข้อของสัญญา	hŭa khôr khŏrng săn-yaa
cláusula (f)	ข้อ	khôr
partes (f pl)	ฝ่าย	fàai

domicílio (m) legal	ที่อยู่ตามกฎหมาย	thêe yòo dtaam gòt mǎai
violar o contrato	การละเมิดสัญญา	gaan lá-mêrt sǎn-yaa
obrigação (f)	พันธสัญญา	phan-thá-sǎn-yaa
responsabilidade (f)	ความรับผิดชอบ	khwaam ráp phìt chôp
força (f) maior	เหตุสุดวิสัย	hàyt sùt wí-sǎi
litígio (m), disputa (f)	ความขัดแย้ง	khwaam khàt yáeng
multas (f pl)	บทลงโทษ	bòt long thôht

74. Importação & Exportação

importação (f)	การนำเข้า	gaan nam khâo
importador (m)	ผู้นำเข้า	phôo nam khâo
importar (vt)	นำเข้า	nam khâo
de importação	นำเข้า	nam khâo
exportação (f)	การส่งออก	gaan sòng òrk
exportador (m)	ผู้ส่งออก	phôo sòng òrk
exportar (vt)	ส่งออก	sòng òrk
de exportação	ส่งออก	sòng òrk
mercadoria (f)	สินค้า	sǐn kháa
lote (de mercadorias)	สินค้าที่ส่งไป	sǐn kháa thêe sòng bpai
peso (m)	น้ำหนัก	nám nàk
volume (m)	ปริมาณ	bpà-rí-maan
metro (m) cúbico	ลูกบาศก์เมตร	lôok bàat máyt
produtor (m)	ผู้ผลิต	phôo phà-lìt
companhia (f) de transporte	บริษัทขนส่ง	bor-rí-sàt khǒn sòng
contêiner (m)	ตู้คอนเทนเนอร์	dtôo khorn thay ná-ner
fronteira (f)	ชายแดน	chaai daen
alfândega (f)	ด่านศุลกากร	dàan sǔn-lá-gaa-gon
taxa (f) alfandegária	ภาษีศุลกากร	phaa-sěe sǔn-lá-gaa-gon
funcionário (m) da alfândega	เจ้าหน้าที่ศุลกากร	jâo nâa-thêe sǔn-lá-gaa-gon
contrabando (atividade)	การลักลอบ	gaan lák-lôrp
contrabando (produtos)	สินค้าที่ผิดกฎหมาย	sǐn kháa thêe phìt gòt mǎai

75. Finanças

ação (f)	หุ้น	hûn .
obrigação (f)	ตราสารหนี้	dtraa sǎan nêe
nota (f) promissória	ตั๋วสัญญาใช้เงิน	dtǔa sǎn-yaa chái ngern
bolsa (f) de valores	ตลาดหลักทรัพย์	dtà-làat làk sáp
cotação (m) das ações	ราคาหุ้น	raa-khaa hûn
tornar-se mais barato	ถูกลง	thòok long
tornar-se mais caro	แพงขึ้น	phaeng khêun
parte (f)	ปันผล	bpan phǒn
participação (f) majoritária	ส่วนได้เสียที่ มีอำนาจควบคุม	sùan dâai sǐa têe mee am-nâat khûap khum

investimento (m)	การลงทุน	gaan long thun
investir (vt)	ลงทุน	long thun
porcentagem (f)	เปอร์เซ็นต์	bper-sen
juros (m pl)	ดอกเบี้ย	dòrk bîa
lucro (m)	กำไร	gam-rai
lucrativo (adj)	ได้กำไร	dâai gam-rai
imposto (m)	ภาษี	phaa-sĕe
divisa (f)	สกุลเงิน	sà-gun ngern
nacional (adj)	แห่งชาติ	hàeng châat
câmbio (m)	การแลกเปลี่ยน	gaan lâek bplìan
contador (m)	นักบัญชี	nák ban-chee
contabilidade (f)	การทำบัญชี	gaan tham ban-chee
falência (f)	การล้มละลาย	gaan lóm lá-laai
falência, quebra (f)	การพังพินาศ	gaan phang phí-nâat
ruína (f)	ความพินาศ	khwaam phí-nâat
estar quebrado	ล้มละลาย	lóm lá-laai
inflação (f)	เงินเฟ้อ	ngern fér
desvalorização (f)	การลดค่าเงิน	gaan lót khâa ngern
capital (m)	เงินทุน	ngern thun
rendimento (m)	รายได้	raai dâai
volume (m) de negócios	การหมุนเวียน	gaan mŭn wian
recursos (m pl)	ทรัพยากร	sáp-pá-yaa-gon
recursos (m pl) financeiros	แหล่งเงินทุน	làeng ngern thun
despesas (f pl) gerais	ค่าใช้จ่าย	khâa chái jàai
reduzir (vt)	ลด	lót

76. Marketing

marketing (m)	การตลาด	gaan dtà-làat
mercado (m)	ตลาด	dtà-làat
segmento (m) do mercado	ส่วนตลาด	sùan dtà-làat
produto (m)	ผลิตภัณฑ์	phà-lìt-dtà-phan
mercadoria (f)	สินค้า	sĭn kháa
marca (f)	ยี่ห้อ	yêe hôr
marca (f) registrada	เครื่องหมายการค้า	khrêuang măai gaan kháa
logotipo (m)	โลโก้	loh-gôh
logo (m)	โลโก้	loh-gôh
demanda (f)	อุปสงค์	u-bpà-sŏng
oferta (f)	อุปทาน	u-bpà-thaan
necessidade (f)	ความต้องการ	khwaam dtôrng gaan
consumidor (m)	ผู้บริโภค	phôo bor-rí-phôhk
análise (f)	การวิเคราะห์	gaan wí-khrór
analisar (vt)	วิเคราะห์	wí-khrór
posicionamento (m)	การวางตำแหน่ง ผลิตภัณฑ์	gaan waang dtam-nàeng phà-lìt-dtà-phan

posicionar (vt)	วางตำแหน่ง	waang dtam-nàeng
	ผลิตภัณฑ์	phà-lìt-dtà-phan
preço (m)	ราคา	raa-khaa
política (f) de preços	นโยบาย	ná-yoh-baai
	การตั้งราคา	gaan dtâng raa-khaa
formação (f) de preços	การตั้งราคา	gaan dtâng raa-khaa

77. Publicidade

publicidade (f)	การโฆษณา	gaan khôht-sà-naa
fazer publicidade	โฆษณา	khôht-sà-naa
orçamento (m)	งบประมาณ	ngóp bprà-maan
anúncio (m)	การโฆษณา	gaan khôht-sà-naa
publicidade (f) na TV	การโฆษณา	gaan khôht-sà-naa thaang
	ทางทีวี	thee wee
publicidade (f) na rádio	การโฆษณา	gaan khôht-sà-naa thaang
	ทางวิทยุ	wít-thá-yú
publicidade (f) exterior	การโฆษณา	gaan khôht-sà-naa
	แบบกลางแจ้ง	bàep glaang jâeng
comunicação (f) de massa	สื่อสารมวลชน	sèu săan muan chon
periódico (m)	หนังสือรายคาบ	năng-sĕu raai khâap
imagem (f)	ภาพลักษณ์	phâap-lák
slogan (m)	คำขวัญ	kham khwăn
mote (m), lema (f)	คติพจน์	khá-dtì phót
campanha (f)	การรณรงค์	gaan ron-ná-rorng
campanha (f) publicitária	การรณรงค์	gaan ron-ná-rorng
	โฆษณา	khôht-sà-naa
grupo (m) alvo	กลุ่มเป้าหมาย	glùm bpâo-măai
cartão (m) de visita	นามบัตร	naam bàt
panfleto (m)	ใบปลิว	bai bpliw
brochura (f)	โบรชัวร์	broh-chua
folheto (m)	แผนพับ	phàen pháp
boletim (~ informativo)	จดหมายข่าว	jòt măai khàao
letreiro (m)	ป้ายร้าน	bpâai ráan
cartaz, pôster (m)	โปสเตอร์	bpòht-dtêr
painel (m) publicitário	กระดานปิดประกาศ	grà-daan bpìt bprà-gàat
	โฆษณา	khôht-sà-naa

78. Banca

banco (m)	ธนาคาร	thá-naa-khaan
balcão (f)	สาขา	săa-khăa
consultor (m) bancário	พนักงาน	phá-nák ngaan
	ธนาคาร	thá-naa-khaan
gerente (m)	ผู้จัดการ	phôo jàt gaan

conta (f)	บัญชีธนาคาร	ban-chee thá-naa-kaan
número (m) da conta	หมายเลขบัญชี	măai lâyk ban-chee
conta (f) corrente	กระแสรายวัน	grà-săe raai wan
conta (f) poupança	บัญชีออมทรัพย์	ban-chee orm sáp
abrir uma conta	เปิดบัญชี	bpèrt ban-chee
fechar uma conta	ปิดบัญชี	bpìt ban-chee
depositar na conta	ฝากเงินเข้าบัญชี	fàak ngern khâo ban-chee
sacar (vt)	ถอน	thŏrn
depósito (m)	การฝาก	gaan fàak
fazer um depósito	ฝาก	fàak
transferência (f) bancária	การโอนเงิน	gaan ohn ngern
transferir (vt)	โอนเงิน	ohn ngern
soma (f)	จำนวนเงินรวม	jam-nuan ngern ruam
Quanto?	เทาไหร?	thâo rài
assinatura (f)	ลายมือชื่อ	laai meu chêu
assinar (vt)	ลงนาม	long naam
cartão (m) de crédito	บัตรเครดิต	bàt khray-dìt
senha (f)	รหัส	rá-hàt
número (m) do cartão de crédito	หมายเลขบัตรเครดิต	măai lâyk bàt khray-dìt
caixa (m) eletrônico	เอทีเอ็ม	ay-thee-em
cheque (m)	เช็ค	chék
passar um cheque	เขียนเช็ค	khĭan chék
talão (m) de cheques	สมุดเช็ค	sà-mùt chék
empréstimo (m)	เงินกู้	ngern gôo
pedir um empréstimo	ขอสินเชื่อ	khŏr sĭn chêua
obter empréstimo	กู้เงิน	gôo ngern
dar um empréstimo	ให้กู้เงิน	hâi gôo ngern
garantia (f)	การรับประกัน	gaan ráp bprà-gan

79. Telefone. Conversação telefônica

telefone (m)	โทรศัพท์	thoh-rá-sàp
celular (m)	มือถือ	meu thĕu
secretária (f) eletrônica	เครื่องพูดตอบ	khrêuang phôot dtòp
fazer uma chamada	โทรศัพท์	thoh-rá-sàp
chamada (f)	การโทรศัพท์	gaan thoh-rá-sàp
discar um número	หมุนหมายเลขโทรศัพท์	mŭn măai lâyk thoh-rá-sàp
Alô!	สวัสดี!	sà-wàt-dee
perguntar (vt)	ถาม	thăam
responder (vt)	รับสาย	ráp săai
ouvir (vt)	ได้ยิน	dâai yin
bem	ดี	dee
mal	ไม่ดี	mâi dee

ruído (m)	เสียงรบกวน	sĭang róp guan
fone (m)	ตัวรับสัญญาณ	dtua ráp săn-yaan
pegar o telefone	รับสาย	ráp săai
desligar (vi)	วางสาย	waang săai

ocupado (adj)	ไม่ว่าง	mâi wâang
tocar (vi)	ดัง	dang
lista (f) telefônica	สมุดโทรศัพท์	sà-mùt thoh-rá-sàp

local (adj)	ในประเทศ	nai bprà-thâyt
chamada (f) local	โทรในประเทศ	thoh nai bprà-thâyt
de longa distância	ระยะไกล	rá-yá glai
chamada (f) de longa distância	โทรระยะไกล	thoh-rá-yá glai
internacional (adj)	ต่างประเทศ	dtàang bprà-thâyt
chamada (f) internacional	โทรตางประเทศ	thoh dtàang bprà-thâyt

80. Telefone móvel

celular (m)	มือถือ	meu thĕu
tela (f)	หน้าจอ	nâa jor
botão (m)	ปุ่ม	bpùm
cartão SIM (m)	ซิมการ์ด	sím gàat

bateria (f)	แบตเตอรี่	bàet-dter-rêe
descarregar-se (vr)	หมด	mòt
carregador (m)	ที่ชาร์จ	thêe châat

menu (m)	เมนู	may-noo
configurações (f pl)	การตั้งค่า	gaan dtâng khâa
melodia (f)	เสียงเพลง	sĭang phlayng
escolher (vt)	เลือก	lêuak

calculadora (f)	เครื่องคิดเลข	khrêuang khít lâyk
correio (m) de voz	ขอความเสียง	khôr khwaam sĭang
despertador (m)	นาฬิกาปลุก	naa-lí-gaa bplùk
contatos (m pl)	รายชื่อผู้ติดต่อ	raai chêu phôo dtìt dtòr

| mensagem (f) de texto | SMS | es-e-mes |
| assinante (m) | ผู้สมัครรับบริการ | phôo sà-màk ráp bor-rí-gaan |

81. Estacionário

| caneta (f) | ปากกาลูกลื่น | bpàak gaa lôok lêun |
| caneta (f) tinteiro | ปากกาหมึกซึม | bpàak gaa mèuk seum |

lápis (m)	ดินสอ	din-sŏr
marcador (m) de texto	ปากกาเน้น	bpàak gaa náyn
caneta (f) hidrográfica	ปากกาเมจิค	bpàak gaa may jìk

| bloco (m) de notas | สมุดจด | sà-mùt jòt |
| agenda (f) | สมุดบันทึกรายวัน | sà-mùt ban-théuk raai wan |

régua (f)	ไม้บรรทัด	máai ban-thát
calculadora (f)	เครื่องคิดเลข	khrêuang khít lâyk
borracha (f)	ยางลบ	yaang lóp
alfinete (m)	เป๊ก	bpáyk
clipe (m)	ลวดหนีบกระดาษ	lûat nèep grà-dàat
cola (f)	กาว	gaao
grampeador (m)	ที่เย็บกระดาษ	thêe yép grà-dàat
furador (m) de papel	ที่เจาะรูกระดาษ	thêe jòr roo grà-dàat
apontador (m)	ที่เหลาดินสอ	thêe lǎo din-sǒr

82. Tipos de negócios

serviços (m pl) de contabilidade	บริการทำบัญชี	bor-rí-gaan tham ban-chee
publicidade (f)	การโฆษณา	gaan khôht-sà-naa
agência (f) de publicidade	บริษัทโฆษณา	bor-rí-sàt khôht-sà-naa
ar (m) condicionado	เครื่องปรับอากาศ	khrêuang bpràp-aa-gàat
companhia (f) aérea	สายการบิน	sǎai gaan bin
bebidas (f pl) alcoólicas	เครื่องดื่มแอลกอฮอล์	khrêuang dèum aen-gor-hor
comércio (m) de antiguidades	ของเก่า	khǒrng gào
galeria (f) de arte	หอศิลป์	hǒr sǐn
serviços (m pl) de auditoria	บริการตรวจสอบบัญชี	bor-rí-gaan dtrùat sòrp ban-chee
negócios (m pl) bancários	การธนาคาร	gaan thá-naa-khaan
bar (m)	บาร์	baa
salão (m) de beleza	ช่างเสริมสวย	châang sěrm sǔay
livraria (f)	ร้านขายหนังสือ	ráan khǎai nǎng-sěu
cervejaria (f)	โรงงานต้มเหล้า	rohng ngaan dtôm lǎu
centro (m) de escritórios	ศูนย์ธุรกิจ	sǒon thú-rá gìt
escola (f) de negócios	โรงเรียนธุรกิจ	rohng rian thú-rá gìt
cassino (m)	คาสิโน	khaa-sì-noh
construção (f)	การก่อสร้าง	gaan gòr sâang
consultoria (f)	การปรึกษา	gaan bprèuk-sǎa
clínica (f) dentária	คลินิกทันตกรรม	khlí-nìk than-ta-gam
design (m)	การออกแบบ	gaan òrk bàep
drogaria (f)	ร้านขายยา	ráan khǎai yaa
lavanderia (f)	ร้านซักแห้ง	ráan sák hâeng
agência (f) de emprego	สำนักงานจัดหางาน	sǎm-nák ngaan jàt hǎa ngaan
serviços (m pl) financeiros	บริการด้านการเงิน	bor-rí-gaan dâan gaan ngern
alimentos (m pl)	ผลิตภัณฑ์อาหาร	phà-lìt-dtà-phan aa hǎan
funerária (f)	บริษัทรับจัดงานศพ	bor-rí-sàt ráp jàt ngaan sòp
mobiliário (m)	เครื่องเรือน	khrêuang reuan
roupa (f)	เสื้อผ้า	sêua phâa
hotel (m)	โรงแรม	rohng raem
sorvete (m)	ไอศกรีม	ai-sà-greem
indústria (f)	อุตสาหกรรม	út-saa há-gam

seguro (~ de vida, etc.)	การประกัน	gaan bprà-gan
internet (f)	อินเทอร์เน็ต	in-thêr-nét
investimento (m)	การลงทุน	gaan long thun
joalheiro (m)	ช่างทำเครื่อง เพชรพลอย	châang tham khrêuang phét phloi
joias (f pl)	เครื่องเพชรพลอย	khrêuang phét phloi
lavanderia (f)	โรงซักรีดผ้า	rohng sák rêet phâa
assessorias (f pl) jurídicas	คนที่ปรึกษา ทางกฎหมาย	khon thêe bprèuk-săa thaang gòt măai
indústria (f) ligeira	อุตสาหกรรมเบา	ùt-săa-hà-gam bao
revista (f)	นิตยสาร	nít-dtà-yá-săan
vendas (f pl) por catálogo	การขายสินค้า ทางไปรษณีย์	gaan khăai sĭn kháa thaang bprai-sà-nee
medicina (f)	การแพทย์	gaan phâet
cinema (m)	โรงภาพยนตร์	rohng phâap-phá-yon
museu (m)	พิพิธภัณฑ์	phí-phítha phan
agência (f) de notícias	สำนักข่าว	săm-nák khàao
jornal (m)	หนังสือพิมพ์	năng-sěu phim
boate (casa noturna)	ไนท์คลับ	nai-khláp
petróleo (m)	น้ำมัน	nám man
serviços (m pl) de remessa	บริการจัดส่ง	bor-rí-gaan jàt sòng
indústria (f) farmacêutica	เภสัชกรรม	phay-sàt-cha -gam
tipografia (f)	สิ่งพิมพ์	sìng phim
editora (f)	สำนักพิมพ์	săm-nák phim
rádio (m)	วิทยุ	wít-thá-yú
imobiliário (m)	อสังหาริมทรัพย์	a-săng-hăa-rim-má-sáp
restaurante (m)	ร้านอาหาร	ráan aa-hăan
empresa (f) de segurança	บริษัทรักษา ความปลอดภัย	bor-rí-sàt rák-săa khwaam bplòrt phai
esporte (m)	กีฬา	gee-laa
bolsa (f) de valores	ตลาดหลักทรัพย์	dtà-làat làk sáp
loja (f)	ร้านค้า	ráan kháa
supermercado (m)	ซูเปอร์มาร์เก็ต	soo-bper-maa-gèt
piscina (f)	สระว่ายน้ำ	sà wâai náam
alfaiataria (f)	ร้านตัดเสื้อ	ráan dtàt sêua
televisão (f)	โทรทัศน์	thoh-rá-thát
teatro (m)	โรงละคร	rohng lá-khon
comércio (m)	การค้าขาย	gaan kháa kăai
serviços (m pl) de transporte	การขนส่ง	gaan khŏn sòng
viagens (f pl)	การท่องเที่ยว	gaan thôrng thîeow
veterinário (m)	สัตวแพทย์	sàt phâet
armazém (m)	โกดังเก็บสินค้า	goh-dang gèp sĭn kháa
recolha (f) do lixo	การเก็บขยะ	gaan gèp khà-yà

Emprego. Negócios. Parte 2

83. Espetáculo. Feira

feira, exposição (f)	งานแสดง	ngaan sà-daeng
feira (f) comercial	งานแสดงสินค้า	ngaan sà-daeng sĭn kháa
participação (f)	การเข้าร่วม	gaan khâo rûam
participar (vi)	เข้าร่วมใน	khâo rûam nai
participante (m)	ผู้เข้าร่วม	phôo khâo rûam
diretor (m)	ผู้อำนวยการ	phôo am-nuay gaan
direção (f)	สำนักงานผู้จัด	săm-nák ngaan phôo jàt
organizador (m)	ผู้จัด	phôo jàt
organizar (vt)	จัด	jàt
ficha (f) de inscrição	แบบฟอร์มลงทะเบียน	bàep form long thá-bian
preencher (vt)	กรอก	gròrk
detalhes (m pl)	รายละเอียด	raai lá-ìat
informação (f)	ข้อมูล	khôr moon
preço (m)	ราคา	raa-khaa
incluindo	รวมถึง	ruam thĕung
incluir (vt)	รวม	ruam
pagar (vt)	จ่าย	jàai
taxa (f) de inscrição	ค่าลงทะเบียน	khâa long thá-bian
entrada (f)	ทางเข้า	thaang khâo
pavilhão (m), salão (f)	ศาลา	săa-laa
inscrever (vt)	ลงทะเบียน	long thá-bian
crachá (m)	ป้ายชื่อ	bpâai chêu
stand (m)	บูธแสดงสินค้า	bòot sà-daeng sĭn kháa
reservar (vt)	จอง	jorng
vitrine (f)	ตู้โชว์สินค้า	dtôo choh sĭn kháa
lâmpada (f)	ไฟรวมแสงบนเวที	fai ruam săeng bon way-thee
design (m)	การออกแบบ	gaan òrk bàep
pôr (posicionar)	วาง	waang
ser colocado, -a	ถูกตั้ง	thòok dtâng
distribuidor (m)	ผู้จัดจำหน่าย	phôo jàt jam-nàai
fornecedor (m)	ผู้จัดหา	phôo jàt hăa
fornecer (vt)	จัดหา	jàt hăa
país (m)	ประเทศ	bprà-thâyt
estrangeiro (adj)	ต่างชาติ	dtàang châat
produto (m)	ผลิตภัณฑ์	phà-lìt-dtà-phan
associação (f)	สมาคม	sà-maa khom
sala (f) de conferência	ห้องประชุม	hôrng bprà-chum

| congresso (m) | การประชุม | gaan bprà-chum |
| concurso (m) | การแข่งขัน | gaan khàeng khăn |

visitante (m)	ผู้เข้าร่วม	phôo khâo rûam
visitar (vt)	เข้าร่วม	khâo rûam
cliente (m)	ลูกค้า	lôok kháa

84. Ciência. Investigação. Cientistas

ciência (f)	วิทยาศาสตร์	wít-thá-yaa sàat
científico (adj)	ทางวิทยาศาสตร์	thaang wít-thá-yaa sàat
cientista (m)	นักวิทยาศาสตร์	nák wít-thá-yaa sàat
teoria (f)	ทฤษฎี	thrít-sà-dee

axioma (m)	สัจพจน์	sàt-jà-phót
análise (f)	การวิเคราะห์	gaan wí-khrór
analisar (vt)	วิเคราะห์	wí-khrór
argumento (m)	ข้อโต้แย้ง	khôr dtôh yáeng
substância (f)	สาร	săan

hipótese (f)	สมมติฐาน	sŏm-mút thăan
dilema (m)	โจทย์	jòht
tese (f)	ปริญญานิพนธ์	bpà-rin-yaa ní-phon
dogma (m)	หลัก	làk

doutrina (f)	หลักคำสอน	làk kham sŏrn
pesquisa (f)	การวิจัย	gaan wí-jai
pesquisar (vt)	วิจัย	wí-jai
testes (m pl)	การควบคุม	gaan khûap khum
laboratório (m)	ห้องทดลอง	hôrng thót lorng

método (m)	วิธี	wí-thee
molécula (f)	โมเลกุล	moh-lay-gun
monitoramento (m)	การเฝ้าสังเกต	gaan fâo săng-gàyt
descoberta (f)	การค้นพบ	gaan khón phóp

postulado (m)	สัจพจน์	sàt-jà-phót
princípio (m)	หลักการ	làk gaan
prognóstico (previsão)	การคาดการณ์	gaan khâat gaan
prognosticar (vt)	คาดการณ์	khâat gaan

síntese (f)	การสังเคราะห์	gaan săng-khrór
tendência (f)	แนวโน้ม	naew nóhm
teorema (m)	ทฤษฎีบท	thrít-sà-dee bòt

ensinamentos (m pl)	คำสอน	kham sŏrn
fato (m)	ข้อเท็จจริง	khôr thét jing
expedição (f)	การสำรวจ	gaan săm-rùat
experiência (f)	การทดลอง	gaan thót lorng

acadêmico (m)	นักวิชาการ	nák wí-chaa gaan
bacharel (m)	บัณฑิต	ban-dìt
doutor (m)	ดุษฎีบัณฑิต	dùt-sà-dee ban-dìt
professor (m) associado	รองศาสตราจารย์	rorng sàat-sà-dtraa-jaan

mestrado (m)	มหาบัณฑิต	má-hăa ban-dìt
professor (m)	ศาสตราจารย์	sàat-sà-dtraa-jaan

Profissões e ocupações

85. Procura de emprego. Demissão

trabalho (m)	งาน	ngaan
equipe (f)	พนักงาน	phá-nák ngaan
pessoal (m)	พนักงาน	phá-nák ngaan
carreira (f)	อาชีพ	aa-chêep
perspectivas (f pl)	โอกาส	oh-gàat
habilidades (f pl)	ทักษะ	thák-sà
seleção (f)	การคัดเลือก	gaan khát lêuak
agência (f) de emprego	สำนักงาน	săm-nák ngaan
	จัดหางาน	jàt hăa ngaan
currículo (m)	ประวัติย่อ	bprà-wàt yôr
entrevista (f) de emprego	สัมภาษณ์งาน	săm-phâat ngaan
vaga (f)	ตำแหน่งว่าง	dtam-nàeng wâang
salário (m)	เงินเดือน	ngern deuan
salário (m) fixo	เงินเดือน	ngern deuan
pagamento (m)	ค่าแรง	khâa raeng
cargo (m)	ตำแหน่ง	dtam-nàeng
dever (do empregado)	หน้าที่	nâa thêe
gama (f) de deveres	หน้าที่	nâa thêe
ocupado (adj)	ไม่ว่าง	mâi wâang
despedir, demitir (vt)	ไล่ออก	lâi òrk
demissão (f)	การไล่ออก	gaan lâi òrk
desemprego (m)	การว่างงาน	gaan wâang ngaan
desempregado (m)	คนว่างงาน	khon wâang ngaan
aposentadoria (f)	การเกษียณอายุ	gaan gà-sĭan aa-yú
aposentar-se (vr)	เกษียณ	gà-sĭan

86. Gente de negócios

diretor (m)	ผู้อำนวยการ	phôo am-nuay gaan
gerente (m)	ผู้จัดการ	phôo jàt gaan
patrão, chefe (m)	หัวหน้า	hŭa-nâa
superior (m)	ผู้บังคับบัญชา	phôo bang-kháp ban-chaa
superiores (m pl)	คณะผู้บังคับ	khá-ná phôo bang-kháp
	บัญชา	ban-chaa
presidente (m)	ประธานาธิปดี	bprà-thaa-naa-thí-bor-dee
chairman (m)	ประธาน	bprà-thaan
substituto (m)	รอง	rorng

assistente (m)	ผู้ช่วย	phôo chûay
secretário (m)	เลขา	lay-khǎa
secretário (m) pessoal	ผู้ช่วยส่วนบุคคล	phôo chûay sùan bùk-khon
homem (m) de negócios	นักธุรกิจ	nák thú-rá-gìt
empreendedor (m)	ผู้ประกอบการ	phôo bprà-gòp gaan
fundador (m)	ผู้ก่อตั้ง	phôo gòr dtâng
fundar (vt)	ก่อตั้ง	gòr dtâng
principiador (m)	ผู้ก่อตั้ง	phôo gòr dtâng
parceiro, sócio (m)	หุ้นส่วน	hûn sùan
acionista (m)	ผู้ถือหุ้น	phôo thěu hûn
milionário (m)	เศรษฐีเงินล้าน	sàyt-thěe ngern láan
bilionário (m)	มหาเศรษฐี	má-hǎa sàyt-thěe
proprietário (m)	เจ้าของ	jâo khǒrng
proprietário (m) de terras	เจ้าของที่ดิน	jâo khǒrng thêe din
cliente (m)	ลูกค้า	lôok kháa
cliente (m) habitual	ลูกค้าประจำ	lôok kháa bprà-jam
comprador (m)	ลูกค้า	lôok kháa
visitante (m)	ผู้เข้าร่วม	phôo khâo rûam
profissional (m)	ผู้เป็นมืออาชีพ	phôo bpen meu aa-chêep
perito (m)	ผู้เชี่ยวชาญ	phôo chîeow-chaan
especialista (m)	ผู้ชำนาญ	phôo cham-naan
	เฉพาะทาง	chà-phó thaang
banqueiro (m)	พนักงาน	phá-nák ngaan
	ธนาคาร	thá-naa-khaan
corretor (m)	นายหน้า	naai nâa
caixa (m, f)	แคชเชียร์	khâet chia
contador (m)	นักบัญชี	nák ban-chee
guarda (m)	ยาม	yaam
investidor (m)	ผู้ลงทุน	phôo long thun
devedor (m)	ลูกหนี้	lôok nêe
credor (m)	เจ้าหนี้	jâo nêe
mutuário (m)	ผู้ยืม	phôo yeum
importador (m)	ผู้นำเข้า	phôo nam khâo
exportador (m)	ผู้ส่งออก	phôo sòng òrk
produtor (m)	ผู้ผลิต	phôo phà-lìt
distribuidor (m)	ผู้จัดจำหน่าย	phôo jàt jam-nàai
intermediário (m)	คนกลาง	khon glaang
consultor (m)	ที่ปรึกษา	thêe bprèuk-sǎa
representante comercial	พนักงานขาย	phá-nák ngaan khǎai
agente (m)	ตัวแทน	dtua thaen
agente (m) de seguros	ตัวแทนประกัน	dtua thaen bprà-gan

87. Profissões de serviços

cozinheiro (m)	คนครัว	khon khrua
chefe (m) de cozinha	กุ๊ก	gúk
padeiro (m)	ช่างอบขนมปัง	châang òp khà-nŏm bpang

barman (m)	บาร์เทนเดอร์	baa-thayn-dêr
garçom (m)	พนักงานเสิร์ฟชาย	phá-nák ngaan sèrf chaai
garçonete (f)	พนักงานเสิร์ฟหญิง	phá-nák ngaan sèrf yĭng

advogado (m)	ทนายความ	thá-naai khwaam
jurista (m)	นักกฎหมาย	nák gòt măai
notário (m)	พนักงานจดทะเบียน	phá-nák ngaan jòt thá-bian

eletricista (m)	ช่างไฟฟ้า	châang fai-fáa
encanador (m)	ช่างประปา	châang bprà-bpaa
carpinteiro (m)	ช่างไม้	châang máai

massagista (m)	หมอนวดชาย	mŏr nûat chaai
massagista (f)	หมอนวดหญิง	mŏr nûat yĭng
médico (m)	แพทย์	phâet

taxista (m)	คนขับแท็กซี่	khon khàp tháek-sêe
condutor (automobilista)	คนขับ	khon khàp
entregador (m)	คนส่งของ	khon sòng khŏrng

camareira (f)	แม่บ้าน	mâe bâan
guarda (m)	ยาม	yaam
aeromoça (f)	พนักงวนต้อนรับ บนเครื่องบิน	phá-nák ngaan dtôrn ráp bon khrêuang bin

professor (m)	อาจารย์	aa-jaan
bibliotecário (m)	บรรณารักษ์	ban-naa-rák
tradutor (m)	นักแปล	nák bplae
intérprete (m)	ลาม	lâam
guia (m)	มัคคุเทศก์	mák-khú-thâyt

cabeleireiro (m)	ช่างทำผม	châang tham phŏm
carteiro (m)	บุรุษไปรษณีย์	bù-rùt bprai-sà-nee
vendedor (m)	คนขายของ	khon khăai khŏrng

jardineiro (m)	ชาวสวน	chaao sŭan
criado (m)	คนใช้	khon chái
criada (f)	สาวใช้	săo chái
empregada (f) de limpeza	คนทำความสะอาด	khon tham khwaam sà-àat

88. Profissões militares e postos

soldado (m) raso	พลทหาร	phon-thá-hăan
sargento (m)	สิบเอก	sìp àyk
tenente (m)	ร้อยโท	rói thoh
capitão (m)	ร้อยเอก	rói àyk
major (m)	พลตรี	phon-dtree

coronel (m)	พันเอก	phan àyk
general (m)	นายพล	naai phon
marechal (m)	จอมพล	jorm phon
almirante (m)	พลเรือเอก	phon reua àyk

militar (m)	ทางทหาร	thaang thá-hăan
soldado (m)	ทหาร	thá-hăan
oficial (m)	นายทหาร	naai thá-hăan
comandante (m)	ผู้บัญชาการ	phôo ban-chaa gaan

guarda (m) de fronteira	ยามเฝ้าชายแดน	yaam fâo chaai daen
operador (m) de rádio	พลวิทยุ	phon wít-thá-yú
explorador (m)	ทหารพราน	thá-hăan phraan
sapador-mineiro (m)	ทหารช่าง	thá-hăan châang
atirador (m)	พลแม่นปืน	phon mâen bpeun
navegador (m)	ตนหน	dtôn hŏn

89. Oficiais. Padres

| rei (m) | กษัตริย์ | gà-sàt |
| rainha (f) | ราชินี | raa-chí-nee |

| príncipe (m) | เจ้าชาย | jâo chaai |
| princesa (f) | เจาหญิง | jâo yĭng |

| czar (m) | ชาร์ | saa |
| czarina (f) | ชารีนา | saa-ree-naa |

presidente (m)	ประธานาธิบดี	bprà-thaa-naa-thí-bor-dee
ministro (m)	รัฐมนตรี	rát-thà-mon-dtree
primeiro-ministro (m)	นายกรัฐมนตรี	naa-yók rát-thà-mon-dtree
senador (m)	สมาชิกวุฒิสภา	sà-maa-chík wút-thí sà-phaa

diplomata (m)	นักการทูต	nák gaan thôot
cônsul (m)	กงสุล	gong-sŭn
embaixador (m)	เอกอัครราชทูต	àyk-gà-àk-krá-râat-chá-tôot
conselheiro (m)	เจาหน้าที่การทูต	jâo nâa-thêe gaan thôot

funcionário (m)	ข้าราชการ	khâa râat-chá-gaan
prefeito (m)	เจาหน้าที่	jâo nâa-thêe
Presidente (m) da Câmara	นายกเทศมนตรี	naa-yók thâyt-sà-mon-dtree

| juiz (m) | ผู้พิพากษา | phôo phí-phâak-săa |
| procurador (m) | อัยการ | ai-yá-gaan |

| missionário (m) | ผู้สอนศาสนา | phôo sŏrn sàat-sà-năa |
| monge (m) | พระ | phrá |

| abade (m) | เจ้าอาวาส | jâo aa-wâat |
| rabino (m) | พระในศาสนายิว | phrá nai sàat-sà-năa yiw |

vizir (m)	วีซีร์	wee see
xá (m)	กษัตริย์อิหร่าน	gà-sàt i-ràan
xeique (m)	หัวหน้าเผ่าอาหรับ	hŭa nâa phào aa-ràp

90. Profissões agrícolas

abelheiro (m)	คนเลี้ยงผึ้ง	khon líang phêung
pastor (m)	คนเลี้ยงปศุสัตว์	khon líang bpà-sù-sàt
agrônomo (m)	นักปฐพีวิทยา	nák bpà-tà-phee wít-thá-yaa
criador (m) de gado	ผู้ขยายพันธุ์สัตว์	phôo khà-yǎai phan sàt
veterinário (m)	สัตวแพทย์	sàt phâet
agricultor, fazendeiro (m)	ชาวนา	chaao naa
vinicultor (m)	ผู้ผลิตไวน์	phôo phà-lìt wai
zoólogo (m)	นักสัตววิทยา	nák sàt wít-thá-yaa
vaqueiro (m)	โคบาล	khoh-baan

91. Profissões artísticas

ator (m)	นักแสดงชาย	nák sà-daeng chaai
atriz (f)	นักแสดงหญิง	nák sà-daeng yǐng
cantor (m)	นักร้องชาย	nák rórng chaai
cantora (f)	นักร้องหญิง	nák rórng yǐng
bailarino (m)	นักเต้นชาย	nák dtên chaai
bailarina (f)	นักเตนหญิง	nák dtên yǐng
artista (m)	นักแสดงชาย	nák sà-daeng chaai
artista (f)	นักแสดงหญิง	nák sà-daeng yǐng
músico (m)	นักดนตรี	nák don-dtree
pianista (m)	นักเปียโน	nák bpia noh
guitarrista (m)	ผู้เลนกีตาร์	phôo lên gee-dtâa
maestro (m)	ผู้ควบคุมวงดนตรี	phôo khûap khum wong don-dtree
compositor (m)	นักแต่งเพลง	nák dtàeng phlayng
empresário (m)	ผู้ควบคุมการแสดง	phôo khûap khum gaan sà-daeng
diretor (m) de cinema	ผู้กำกับภาพยนตร	phôo gam-gàp phâap-phá-yon
produtor (m)	ผู้อำนวยการสร้าง	phôo am-nuay gaan sâang
roteirista (m)	คนเขียนบทภาพยนตร	khon khǐan bòt phâap-phá-yon
crítico (m)	นักวิจารณ์	nák wí-jaan
escritor (m)	นักเขียน	nák khǐan
poeta (m)	นักกวี	nák gà-wee
escultor (m)	ช่างสลัก	châang sà-làk
pintor (m)	ชางวาดรูป	châang wâat rôop
malabarista (m)	นักมายากลโยนของ	nák maa-yaa gon yohn khǒrng
palhaço (m)	ตัวตลก	dtua dtà-lòk
acrobata (m)	นักกุยกรรม	nák gaai-yá-gam
ilusionista (m)	นักเลนกล	nák lên gon

92. Várias profissões

médico (m)	แพทย์	phâet
enfermeira (f)	พยาบาล	phá-yaa-baan
psiquiatra (m)	จิตแพทย์	jìt-dtà-phâet
dentista (m)	ทันตแพทย์	than-dtà phâet
cirurgião (m)	ศัลยแพทย์	săn-yá-phâet
astronauta (m)	นักบินอวกาศ	nák bin a-wá-gàat
astrônomo (m)	นักดาราศาสตร์	nák daa-raa sàat
piloto (m)	นักบิน	nák bin
motorista (m)	คนขับ	khon khàp
maquinista (m)	คนขับรถไฟ	khon khàp rót fai
mecânico (m)	ช่างเครื่อง	châang khrêuang
mineiro (m)	คนงานเหมือง	khon ngaan mĕuang
operário (m)	คนงาน	khon ngaan
serralheiro (m)	ช่างโลหะ	châang loh-hà
marceneiro (m)	ช่างไม้	châang máai
torneiro (m)	ช่างกลึง	châang gleung
construtor (m)	คนงานก่อสร้าง	khon ngaan gòr sâang
soldador (m)	ช่างเชื่อม	châang chêuam
professor (m)	ศาสตราจารย์	sàat-sà-dtraa-jaan
arquiteto (m)	สถาปนิก	sà-thăa-bpà-ník
historiador (m)	นักประวัติศาสตร์	nák bprà-wàt sàat
cientista (m)	นักวิทยาศาสตร์	nák wít-thá-yaa sàat
físico (m)	นักฟิสิกส์	nák fí-sìk
químico (m)	นักเคมี	nák khay-mee
arqueólogo (m)	นักโบราณคดี	nák boh-raan-ná-khá-dee
geólogo (m)	นักธรณีวิทยา	nák thor-rá-nee wít-thá-yaa
pesquisador (cientista)	ผู้วิจัย	phôo wí-jai
babysitter, babá (f)	พี่เลี้ยงเด็ก	phêe líang dèk
professor (m)	อาจารย์	aa-jaan
redator (m)	บรรณาธิการ	ban-naa-thí-gaan
redator-chefe (m)	หัวหน้าบรรณาธิการ	hŭa nâa ban-naa-thí-gaan
correspondente (m)	ผู้สื่อข่าว	phôo sèu khàao
datilógrafa (f)	พนักงานพิมพ์ดีด	phá-nák ngaan phim dèet
designer (m)	นักออกแบบ	nák òrk bàep
especialista (m)	ผู้เชี่ยวชาญด้าน	pôo chîeow-chaan dâan
em informática	คอมพิวเตอร์	khorm-piw-dtêr
programador (m)	นักเขียนโปรแกรม	nák khĭan bproh-graem
engenheiro (m)	วิศวกร	wít-sà-wá-gon
marujo (m)	กะลาสี	gà-laa-sĕe
marinheiro (m)	คนเรือ	khon reua
socorrista (m)	นักกู้ภัย	nák gôo phai
bombeiro (m)	เจ้าหน้าที่ดับเพลิง	jâo nâa-thêe dàp phlerng
polícia (m)	เจ้าหน้าที่ตำรวจ	jâo nâa-thêe dtam-rùat

| guarda-noturno (m) | คนยาม | khon yaam |
| detetive (m) | นักสืบ | nák sèup |

funcionário (m) da alfândega	เจ้าหน้าที่ศุลกากร	jâo nâa-thêe sŭn-lá-gaa-gon
guarda-costas (m)	ผู้คุมกัน	phôo khúm gan
guarda (m) prisional	ผู้คุม	phôo khum
inspetor (m)	ผู้ตรวจการ	phôo dtrùat gaan

esportista (m)	นักกีฬา	nák gee-laa
treinador (m)	โค้ช	khóht
açougueiro (m)	คนขายเนื้อ	khon khăai néua
sapateiro (m)	คนซ่อมรองเท้า	khon sôrm rorng tháo
comerciante (m)	คนค้า	khon kháa
carregador (m)	คนงานยกของ	khon ngaan yók khŏrng

| estilista (m) | นักออกแบบแฟชั่น | nák òrk bàep fae-chân |
| modelo (f) | นางแบบ | naang bàep |

93. Ocupações. Estatuto social

| estudante (~ de escola) | นักเรียน | nák rian |
| estudante (~ universitária) | นักศึกษา | nák sèuk-săa |

filósofo (m)	นักปราชญ์	nák bpràat
economista (m)	นักเศรษฐศาสตร์	nák sàyt-thà-sàat
inventor (m)	นักประดิษฐ์	nák bprà-dìt

desempregado (m)	ดูว่างงาน	khon wâang ngaan
aposentado (m)	ผู้เกษียณอายุ	phôo gà-sĭan aa-yú
espião (m)	สายลับ	săai láp

preso, prisioneiro (m)	นักโทษ	nák thôht
grevista (m)	คนนัดหยุดงาน	kon nát yùt ngaan
burocrata (m)	อำมาตย์	am-màat
viajante (m)	นักเดินทาง	nák dern-thaang

homossexual (m)	ผู้รักเพศเดียวกัน	phôo rák phâyt dieow gan
hacker (m)	แฮ็กเกอร์	háek-gêr
hippie (m, f)	ฮิปปี้	híp-bpêe

bandido (m)	โจร	john
assassino (m)	นักฆ่า	nák khâa
drogado (m)	ผู้ติดยาเสพติด	phôo dtìt yaa-sàyp-dtìt
traficante (m)	ผู้ค้ายาเสพติด	phôo kháa yaa-sàyp-dtìt

| prostituta (f) | โสเภณี | sŏh-phay-nee |
| cafetão (m) | แมงดา | maeng-daa |

bruxo (m)	พ่อมด	phôr mót
bruxa (f)	แม่มด	mâe mót
pirata (m)	โจรสลัด	john sà-làt
escravo (m)	ทาส	thâat
samurai (m)	ซามูไร	saa-moo-rai
selvagem (m)	คนป่าเถื่อน	khon bpàa thèuan

Educação

94. Escola

escola (f)	โรงเรียน	rohng rian
diretor (m) de escola	อาจารย์ใหญ่	aa-jaan yài
aluno (m)	นักเรียน	nák rian
aluna (f)	นักเรียน	nák rian
estudante (m)	เด็กนักเรียนชาย	dèk nák rian chaai
estudante (f)	เด็กนักเรียนหญิง	dèk nák rian yĭng
ensinar (vt)	สอน	sŏrn
aprender (vt)	เรียน	rian
decorar (vt)	ทองจำ	thôrng jam
estudar (vi)	เรียน	rian
estar na escola	ไปโรงเรียน	bpai rohng rian
ir à escola	ไปโรงเรียน	bpai rohng rian
alfabeto (m)	ตัวอักษร	dtua àk-sŏn
disciplina (f)	วิชา	wí-chaa
sala (f) de aula	ห้องเรียน	hôrng rian
lição, aula (f)	ชั่วโมงเรียน	chûa mohng rian
recreio (m)	ชวงพัก	chûang phák
toque (m)	สัญญาณหมดเรียน	săn-yaan mòt rian
classe (f)	โต๊ะนักเรียน	dtó nák rian
quadro (m) negro	กระดานดำ	grà-daan dam
nota (f)	เกรด	gràyt
boa nota (f)	เกรดดี	gràyt dee
nota (f) baixa	เกรดแย่	gràyt yâe
dar uma nota	ให้เกรด	hâi gràyt
erro (m)	ข้อผิดพลาด	khôr phìt phlâat
errar (vi)	ทำผิดพลาด	tham phìt phlâat
corrigir (~ um erro)	แก้ไข	gâe khăi
cola (f)	โพย	phoi
dever (m) de casa	การบ้าน	gaan bâan
exercício (m)	แบบฝึกหัด	bàep fèuk hàt
estar presente	มาเรียน	maa rian
estar ausente	ขาด	khàat
faltar às aulas	ขาดเรียน	khàat rian
punir (vt)	ลงโทษ	long thôht
punição (f)	การลงโทษ	gaan long thôht
comportamento (m)	ความประพฤติ	khwaam bprà-préut

boletim (m) escolar	สมุดพก	sà-mùt phók
lápis (m)	ดินสอ	din-sŏr
borracha (f)	ยางลบ	yaang lóp
giz (m)	ชอล์ค	chôrk
porta-lápis (m)	กลองดินสอ	glòrng din-sŏr
mala, pasta, mochila (f)	กระเป๋า	grà-bpăo
caneta (f)	ปากกา	bpàak gaa
caderno (m)	สมุดจด	sà-mùt jòt
livro (m) didático	หนังสือเรียน	năng-sĕu rian
compasso (m)	วงเวียน	wong wian
traçar (vt)	ร่างภาพทางเทคนิค	râang phâap thaang thék-nìk
desenho (m) técnico	ภาพรางทางเทคนิค	phâap-râang thaang thék-nìk
poesia (f)	กลอน	glorn
de cor	โดยทองจำ	doi thôrng jam
decorar (vt)	ทองจำ	thôrng jam
férias (f pl)	เวลาปิดเทอม	way-laa bpìt therm
estar de férias	หยุดปิดเทอม	yùt bpìt therm
passar as férias	ใชเวลาหยุดปิดเทอม	chái way-laa yùt bpìt therm
teste (m), prova (f)	การทดสอบ	gaan thót sòrp
redação (f)	ความเรียง	khwaam riang
ditado (m)	การเขียนตามคำบอก	gaan khĭan dtaam kam bòrk
exame (m), prova (f)	การสอบ	gaan sòrp
fazer prova	สอบไล	sòrp lâi
experiência (~ química)	การทดลอง	gaan thót lorng

95. Colégio. Universidade

academia (f)	โรงเรียน	rohng rian
universidade (f)	มหาวิทยาลัย	má-hăa wít-thá-yaa-lai
faculdade (f)	คณะ	khá-ná
estudante (m)	นักศึกษา	nák sèuk-săa
estudante (f)	นักศึกษา	nák sèuk-săa
professor (m)	อาจารย์	aa-jaan
auditório (m)	ห้องบรรยาย	hôrng ban-yaai
graduado (m)	บัณฑิต	ban-dìt
diploma (m)	อนุปริญญา	a-nú bpà-rin-yaa
tese (f)	ปริญญานิพนธ์	bpà-rin-yaa ní-phon
estudo (obra)	การวิจัย	gaan wí-jai
laboratório (m)	หองปฏิบัติการ	hôrng bpà-dtì-bàt gaan
palestra (f)	การบรรยาย	gaan ban-yaai
colega (m) de curso	เพื่อนรวมชั้น	phêuan rûam chán
bolsa (f) de estudos	ทุน	thun
grau (m) acadêmico	วุฒิการศึกษา	wút-thí gaan sèuk-săa

96. Ciências. Disciplinas

matemática (f)	คณิตศาสตร์	khá-nít sàat
álgebra (f)	พีชคณิต	phee-chá-khá-nít
geometria (f)	เรขาคณิต	ray-khǎa khá-nít

astronomia (f)	ดาราศาสตร์	daa-raa sàat
biologia (f)	ชีววิทยา	chee-wá-wít-thá-yaa
geografia (f)	ภูมิศาสตร์	phoo-mí-sàat
geologia (f)	ธรณีวิทยา	thor-rá-nee wít-thá-yaa
história (f)	ประวัติศาสตร์	bprà-wàt sàat

medicina (f)	แพทยศาสตร์	phâet-tha-ya-sàat
pedagogia (f)	ครุศาสตร์	khrú sàat
direito (m)	ธรรมศาสตร์	tham-ma -sàat

física (f)	ฟิสิกส์	fí-sìk
química (f)	เคมี	khay-mee
filosofia (f)	ปรัชญา	bpràt-yaa
psicologia (f)	จิตวิทยา	jìt-wít-thá-yaa

97. Sistema de escrita. Ortografia

gramática (f)	ไวยากรณ์	wai-yaa-gon
vocabulário (m)	คำศัพท์	kham sàp
fonética (f)	การออกเสียง	gaan òrk sǐang

substantivo (m)	นาม	naam
adjetivo (m)	คำคุณศัพท์	kham khun-ná-sàp
verbo (m)	กริยา	grì-yaa
advérbio (m)	คำวิเศษณ์	kham wí-sàyt

pronome (m)	คำสรรพนาม	kham sàp-phá-naam
interjeição (f)	คำอุทาน	kham u-thaan
preposição (f)	คำบุพบท	kham bùp-phá-bòt

raiz (f)	รากศัพท์	râak sàp
terminação (f)	คำลงท้าย	kham long tháai
prefixo (m)	คำนำหน้า	kham nam nâa
sílaba (f)	พยางค์	phá-yaang
sufixo (m)	คำเสริมท้าย	kham sěrm tháai

| acento (m) | เครื่องหมายเน้น | khrêuang mǎai náyn |
| apóstrofo (f) | อะพอสทรอฟี | à-phor-sòt-ror-fee |

ponto (m)	จุด	jùt
vírgula (f)	จุลภาค	jun-lá-phâak
ponto e vírgula (m)	อัฒภาค	àt-thá-phâak
dois pontos (m pl)	ทวิภาค	thá-wí phâak
reticências (f pl)	การละไว้	gaan lá wái

| ponto (m) de interrogação | เครื่องหมายปรัศนี | khrêuang mǎai bpràt-nee |
| ponto (m) de exclamação | เครื่องหมายอัศเจรีย์ | khrêuang mǎai àt-sà-jay-ree |

aspas (f pl)	อัญประกาศ	an-yá-bprà-gàat
entre aspas	ในอัญประกาศ	nai an-yá-bprà-gàat
parênteses (m pl)	วงเล็บ	wong lép
entre parênteses	ในวงเล็บ	nai wong lép
hífen (m)	ยัติภังค์	yát-dtì-phang
travessão (m)	ขีดคั่น	khèet khân
espaço (m)	ช่องไฟ	chôrng fai
letra (f)	ตัวอักษร	dtua àk-sǒn
letra (f) maiúscula	อักษรตัวใหญ่	àk-sǒn dtua yài
vogal (f)	สระ	sà-ra
consoante (f)	พยัญชนะ	phá-yan-chá-ná
frase (f)	ประโยค	bprà-yòhk
sujeito (m)	ภาคประธาน	phâak bprà-thaan
predicado (m)	ภาคแสดง	phâak sà-daeng
linha (f)	บรรทัด	ban-thát
em uma nova linha	ที่บรรทัดใหม่	têe ban-thát mài
parágrafo (m)	วรรค	wák
palavra (f)	คำ	kham
grupo (m) de palavras	กลุ่มคำ	glùm kham
expressão (f)	วลี	wá-lee
sinônimo (m)	คำพ้องความหมาย	kham phóng khwaam mǎai
antônimo (m)	คำตรงกันข้าม	kham dtrorng gan khâam
regra (f)	กฎ	gòt
exceção (f)	ข้อยกเว้น	khôr yok-wâyn
correto (adj)	ถูก	thòok
conjugação (f)	คอนจูเกชัน	khorn joo gay chan
declinação (f)	การกระจายคำ	gaan grà-jaai kham
caso (m)	การก	gaa-rók
pergunta (f)	คำถาม	kham thǎam
sublinhar (vt)	ขีดเส้นใต้	khèet sên dtâi
linha (f) pontilhada	เส้นประ	sên bprà

98. Línguas estrangeiras

língua (f)	ภาษา	phaa-sǎa
estrangeiro (adj)	ต่างชาติ	dtàang châat
língua (f) estrangeira	ภาษาต่างชาติ	phaa-sǎa dtàang châat
estudar (vt)	เรียน	rian
aprender (vt)	เรียน	rian
ler (vt)	อ่าน	àan
falar (vi)	พูด	phôot
entender (vt)	เข้าใจ	khâo jai
escrever (vt)	เขียน	khǐan
rapidamente	รวดเร็ว	rûat reo
devagar, lentamente	อย่างช้า	yàang cháa

fluentemente	อย่างคล่อง	yàang khlôrng
regras (f pl)	กฎ	gòt
gramática (f)	ไวยากรณ์	wai-yaa-gon
vocabulário (m)	คำศัพท์	kham sàp
fonética (f)	การออกเสียง	gaan òrk sĭang
livro (m) didático	หนังสือเรียน	nǎng-sěu rian
dicionário (m)	พจนานุกรม	phót-jà-naa-nú-grom
manual (m) autodidático	นนังสือแบบเรียน	nǎng-sěu bàep rian
	ดวยตนเอง	dûay dton ayng
guia (m) de conversação	เฟรสบุก	frayt bùk
fita (f) cassete	เทปคาสเซ็ตต์	thâyp khaas-sét
videoteipe (m)	วิดีโอ	wí-dee-oh
CD (m)	CD	see-dee
DVD (m)	DVD	dee-wee-dee
alfabeto (m)	ตัวอักษร	dtua àk-sŏn
soletrar (vt)	สะกด	sà-gòt
pronúncia (f)	การออกเสียง	gaan òrk sĭang
sotaque (m)	สำเนียง	sǎm-niang
com sotaque	มีสำเนียง	mee sǎm-niang
sem sotaque	ไม่มีสำเนียง	mâi mee sǎm-niang
palavra (f)	คำ	kham
sentido (m)	ความหมาย	khwaam mǎai
curso (m)	หลักสูตร	làk sòot
inscrever-se (vr)	สมัคร	sà-màk
professor (m)	อาจารย์	aa-jaan
tradução (processo)	การแปล	gaan bplae
tradução (texto)	คำแปล	kham bplae
tradutor (m)	นักแปล	nák bplae
intérprete (m)	ลาม	lâam
poliglota (m)	ผู้รู้หลายภาษา	phôo róo lǎai paa-sǎa
memória (f)	ความทรงจำ	khwaam song jam

Descanso. Entretenimento. Viagens

99. Viagens

turismo (m)	การท่องเที่ยว	gaan thôrng thîeow
turista (m)	นักท่องเที่ยว	nák thôrng thîeow
viagem (f)	การเดินทาง	gaan dern thaang
aventura (f)	การผจญภัย	gaan phà-jon phai
percurso (curta viagem)	การเดินทาง	gaan dern thaang
férias (f pl)	วันหยุดพักผ่อน	wan yùt phák phòrn
estar de férias	หยุดพักผ่อน	yùt phák phòrn
descanso (m)	การพัก	gaan phák
trem (m)	รถไฟ	rót fai
de trem (chegar ~)	โดยรถไฟ	doi rót fai
avião (m)	เครื่องบิน	khrêuang bin
de avião	โดยเครื่องบิน	doi khrêuang bin
de carro	โดยรถยนต์	doi rót-yon
de navio	โดยเรือ	doi reua
bagagem (f)	สัมภาระ	săm-phaa-rá
mala (f)	กระเป๋าเดินทาง	grà-bpăo dern-thaang
carrinho (m)	รถขนสัมภาระ	rót khŏn săm-phaa-rá
passaporte (m)	หนังสือเดินทาง	năng-sěu dern-thaang
visto (m)	วีซ่า	wee-sâa
passagem (f)	ตั๋ว	dtŭa
passagem (f) aérea	ตั๋วเครื่องบิน	dtŭa khrêuang bin
guia (m) de viagem	หนังสือแนะนำ	năng-sěu náe nam
mapa (m)	แผนที่	phăen thêe
área (f)	เขต	khàyt
lugar (m)	สถานที่	sà-thăan thêe
exotismo (m)	สิ่งแปลกใหม่	sìng bplàek mài
exótico (adj)	ต่างแดน	dtàang daen
surpreendente (adj)	น่าประหลาดใจ	nâa bprà-làat jai
grupo (m)	กลุ่ม	glùm
excursão (f)	การเดินทาง ท่องเที่ยว	gaan dern taang thôrng thîeow
guia (m)	มัคคุเทศก์	mák-khú-thâyt

100. Hotel

hospedaria (f)	โรงแรม	rohng raem
motel (m)	โรงแรม	rohng raem

três estrelas	สามดาว	sǎam daao
cinco estrelas	ห้าดาว	hâa daao
ficar (vi, vt)	พัก	phák
quarto (m)	ห้อง	hôrng
quarto (m) individual	ห้องเดี่ยว	hôrng dìeow
quarto (m) duplo	ห้องคู่	hôrng khôo
reservar um quarto	จองห้อง	jorng hôrng
meia pensão (f)	พักครึ่งวัน	phák khrêung wan
pensão (f) completa	พักเต็มวัน	phák dtem wan
com banheira	มีห้องอาบน้ำ	mee hôrng àap náam
com chuveiro	มีฝักบัว	mee fàk bua
televisão (m) por satélite	โทรทัศน์ดาวเทียม	thoh-rá-thát daao thiam
ar (m) condicionado	เครื่องปรับอากาศ	khrêuang bpràp-aa-gàat
toalha (f)	ผ้าเช็ดตัว	phâa chét dtua
chave (f)	กุญแจ	gun-jae
administrador (m)	นักบุริหาร	nák bor-rí-hǎan
camareira (f)	แม่บ้าน	mâe bâan
bagageiro (m)	พนักงาน, ขนกระเป๋า	phá-nák ngaan khǒn grà-bpǎo
porteiro (m)	พนักงาน เปิดประตู	phá-nák ngaan bpèrt bprà-dtoo
restaurante (m)	ร้านอาหาร	ráan aa-hǎan
bar (m)	บาร์	baa
café (m) da manhã	อาหารเช้า	aa-hǎan cháo
jantar (m)	อาหารเย็น	aa-hǎan yen
bufê (m)	บุฟเฟต์	bùf-fây
saguão (m)	ล็อบบี้	lórp-bêe
elevador (m)	ลิฟต์	líf
NÃO PERTURBE	ห้ามรบกวน	hâam róp guan
PROIBIDO FUMAR!	ห้ามสูบบุหรี่	hâam sòop bù rèe

EQUIPAMENTO TÉCNICO. TRANSPORTES

Equipamento técnico. Transportes

101. Computador

computador (m)	คอมพิวเตอร์	khorm-phiw-dtêr
computador (m) portátil	โน้ตบุ๊ค	nóht búk
ligar (vt)	เปิด	bpèrt
desligar (vt)	ปิด	bpìt
teclado (m)	แป้นพิมพ์	bpâen phim
tecla (f)	ปุ่ม	bpùm
mouse (m)	เมาส์	mao
tapete (m) para mouse	แผ่นรองเมาส์	phàen rorng mao
botão (m)	ปุ่ม	bpùm
cursor (m)	เคอร์เซอร์	khêr-sêr
monitor (m)	จอมอนิเตอร์	jor mor-ní-dtêr
tela (f)	หน้าจอ	nâa jor
disco (m) rígido	ฮาร์ดดิสก์	hâat-dìt
capacidade (f) do disco rígido	ความจุฮาร์ดดิสก์	kwaam jù hâat-dìt
memória (f)	หน่วยความจำ	nùay khwaam jam
memória RAM (f)	หน่วยความจำ เขาถึงโดยสุ่ม	nùay khwaam jam khâo thĕung doi sùm
arquivo (m)	ไฟล์	fai
pasta (f)	โฟลเดอร์	fohl-dêr
abrir (vt)	เปิด	bpèrt
fechar (vt)	ปิด	bpìt
salvar (vt)	บันทึก	ban-théuk
deletar (vt)	ลบ	lóp
copiar (vt)	คัดลอก	khát lôrk
ordenar (vt)	จัดเรียง	jàt riang
copiar (vt)	ทำสำเนา	tham săm-nao
programa (m)	โปรแกรม	bproh-graem
software (m)	ซอฟต์แวร์	sôf-wae
programador (m)	นักเขียนโปรแกรม	nák khĭan bproh-graem
programar (vt)	เขียนโปรแกรม	khĭan bproh-graem
hacker (m)	แฮ็กเกอร์	háek-gêr
senha (f)	รหัสผ่าน	rá-hàt phàan
vírus (m)	ไวรัส	wai-rát
detectar (vt)	ตรวจพบ	dtrùat phóp

byte (m)	ไบท์	bai
megabyte (m)	เมกะไบท์	may-gà-bai
dados (m pl)	ข้อมูล	khôr moon
base (f) de dados	ฐานขอมูล	thăan khôr moon
cabo (m)	สายเคเบิล	săai khay-bêrn
desconectar (vt)	ตัดการเชื่อมต่อ	dtàt gaan chêuam dtòr
conectar (vt)	เชื่อมต่อ	chêuam dtòr

102. Internet. E-mail

internet (f)	อินเทอร์เน็ต	in-thêr-nét
browser (m)	เบราวเชอร์	brao-sêr
motor (m) de busca	โปรแกรมคนหา	bproh-graem khón hăa
provedor (m)	ผู้ใหบริการ	phôo hâi bor-rí-gaan
webmaster (m)	เว็บมาสเตอร์	wép-mâat-dtêr
website (m)	เว็บไซต์	wép sai
web page (f)	เว็บเพจ	wép phâyt
endereço (m)	ที่อยู่	thêe yòo
livro (m) de endereços	สมุดที่อยู่	sà-mùt thêe yòo
caixa (f) de correio	กล่องจดหมายอีเมลล์	glòrng jòt măai ee-mayn
correio (m)	จดหมาย	jòt măai
cheia (caixa de correio)	เต็ม	dtem
mensagem (f)	ข้อความ	khôr khwaam
mensagens (f pl) recebidas	ข้อความขาเข้า	khôr khwaam khăa khâo
mensagens (f pl) enviadas	ขอความขาออก	khôr khwaam khăa òrk
remetente (m)	ผู้ส่ง	phôo sòng
enviar (vt)	ส่ง	sòng
envio (m)	การส่ง	gaan sòng
destinatário (m)	ผู้รับ	phôo ráp
receber (vt)	รับ	ráp
correspondência (f)	การติดต่อกัน ทางจดหมาย	gaan dtìt dtòr gan thaang jòt măai
corresponder-se (vr)	ติดต่อกันทางจดหมาย	dtìt dtòr gan thaang jòt măai
arquivo (m)	ไฟล์	fai
fazer download, baixar (vt)	ดาวน์โหลด	daao lòht
criar (vt)	สราง	sâang
deletar (vt)	ลบ	lóp
deletado (adj)	ถูกลบ	thòok lóp
conexão (f)	การเชื่อมต่อ	gaan chêuam dtòr
velocidade (f)	ความเร็ว	khwaam reo
modem (m)	โมเด็ม	moh-dem
acesso (m)	การเข้าถึง	gaan khâo thĕung
porta (f)	พอรท	phôt

conexão (f)	การเชื่อมต่อ	gaan chêuam dtòr
conectar (vi)	เชื่อมต่อกับ...	chêuam dtòr gàp...
escolher (vt)	เลือก	lêuak
buscar (vt)	คนหา	khón hǎa

103. Eletricidade

eletricidade (f)	ไฟฟ้า	fai fáa
elétrico (adj)	ทางไฟฟ้า	thaang fai-fáa
planta (f) elétrica	โรงไฟฟ้า	rohng fai-fáa
energia (f)	พลังงาน	phá-lang ngaan
energia (f) elétrica	กำลังไฟฟ้า	gam-lang fai-fáa
lâmpada (f)	หลอดไฟฟ้า	lòrt fai fáa
lanterna (f)	ไฟฉาย	fai chǎai
poste (m) de iluminação	เสาไฟถนน	sǎo fai thà-nǒn
luz (f)	ไฟ	fai
ligar (vt)	เปิด	bpèrt
desligar (vt)	ปิด	bpìt
apagar a luz	ปิดไฟ	bpìt fai
queimar (vi)	ขาด	khàat
curto-circuito (m)	การลัดวงจร	gaan lát wong-jon
ruptura (f)	สายขาด	sǎai khàat
contato (m)	สายต่อกัน	sǎai dtòr gan
interruptor (m)	สวิตช์ไฟ	sà-wít fai
tomada (de parede)	เต้าเสียบปลั๊กไฟ	dtâo sìap bplák fai
plugue (m)	ปลั๊กไฟ	bplák fai
extensão (f)	สายพวงไฟ	sǎai phûang fai
fusível (m)	ฟิวส์	fiw
fio, cabo (m)	สายไฟ	sǎai fai
instalação (f) elétrica	การเดินสายไฟ	gaan dern sǎai fai
ampère (m)	แอมแปร์	aem-bpae
amperagem (f)	กำลังไฟฟ้า	gam-lang fai-fáa
volt (m)	โวลต์	wohn
voltagem (f)	แรงดันไฟฟ้า	raeng dan fai fáa
aparelho (m) elétrico	เครื่องใช้ไฟฟ้า	khrêuang chái fai fáa
indicador (m)	ตัวระบุ	dtua rá-bù
eletricista (m)	ช่างไฟฟ้า	châang fai-fáa
soldar (vt)	บัดกรี	bàt-gree
soldador (m)	หัวแรงบัดกรี	hǔa ráeng bàt-gree
corrente (f) elétrica	กระแสไฟฟ้า	grà-sǎe fai fáa

104. Ferramentas

ferramenta (f)	เครื่องมือ	khrêuang meu
ferramentas (f pl)	เครื่องมือ	khrêuang meu

equipamento (m)	อุปกรณ์	ù-bpà-gon
martelo (m)	ค้อน	khórn
chave (f) de fenda	ไขควง	khǎi khuang
machado (m)	ขวาน	khwǎan
serra (f)	เลื่อย	lêuay
serrar (vt)	เลื่อย	lêuay
plaina (f)	กบไสไม้	gòp sǎi máai
aplainar (vt)	ไสกบ	sǎi gòp
soldador (m)	หัวแร้งบัดกรี	hǔa ráeng bàt-gree
soldar (vt)	บัดกรี	bàt-gree
lima (f)	ตะไบ	dtà-bai
tenaz (f)	คีม	kheem
alicate (m)	คีมปอกสายไฟ	kheem bpòk sǎai fai
formão (m)	สิ่ว	sìw
broca (f)	หัวสว่าน	hǔa sà-wàan
furadeira (f) elétrica	สว่านไฟฟ้า	sà-wàan fai fáa
furar (vt)	เจาะ	jòr
faca (f)	มีด	mêet
canivete (m)	มีดพก	mêet phók
lâmina (f)	ใบ	bai
afiado (adj)	คม	khom
cego (adj)	ทื่อ	thêu
embotar-se (vr)	ทำให้...ทื่อ	tham hâi...thêu
afiar, amolar (vt)	ลับคม	láp khom
parafuso (m)	สลักเกลียว	sà-làk glieow
porca (f)	แหวนสกรู	wǎen sà-groo
rosca (f)	เกลียว	glieow
parafuso (para madeira)	สกรู	sà-groo
prego (m)	ตะปู	dtà-bpoo
cabeça (f) do prego	หัวตะปู	hǔa dtà-bpoo
régua (f)	ไม้บรรทัด	máai ban-thát
fita (f) métrica	เทปวัดระยะทาง	thâyp wát rá-yá taang
nível (m)	เครื่องวัดระดับน้ำ	khrêuang wát rá-dàp náam
lupa (f)	แว่นขยาย	wâen khà-yǎai
medidor (m)	เครื่องมือวัด	khrêuang meu wát
medir (vt)	วัด	wát
escala (f)	อัตรา	àt-dtraa
indicação (f), registro (m)	คามิเตอร์	khâa mí-dtêr
compressor (m)	เครื่องอัดอากาศ	khrêuang àt aa-gàat
microscópio (m)	กลองจุลทัศน์	glôrng jun-la -thát
bomba (f)	ปั๊ม	bpám
robô (m)	หุ่นยนต์	hùn yon
laser (m)	เลเซอร์	lay-sêr
chave (f) de boca	ประแจ	bprà-jae
fita (f) adesiva	เทปกาว	thâyp gaao

cola (f)	กาว	gaao
lixa (f)	กระดาษทราย	grà-dàat saai
mola (f)	สปริง	sà-bpring
ímã (m)	แม่เหล็ก	mâe lèk
luva (f)	ถุงมือ	thǔng meu

corda (f)	เชือก	chêuak
cabo (~ de nylon, etc.)	สาย	sǎai
fio (m)	สายไฟ	sǎai fai
cabo (~ elétrico)	สายเคเบิล	sǎai khay-bêrn

marreta (f)	ค้อนขนาดใหญ่	khón khà-nàat yài
pé de cabra (m)	ชะแลง	chá-laeng
escada (f) de mão	บันได	ban-dai
escada (m)	กระได	grà-dai

enroscar (vt)	ขันเกลียวเข้า	khǎn glieow khâo
desenroscar (vt)	ขันเกลียวออก	khǎn glieow òk
apertar (vt)	ขันให้แน่น	khǎn hâi náen
colar (vt)	ติดกาว	dtìt gaao
cortar (vt)	ตัด	dtàt

falha (f)	ความผิดพลาด	khwaam phìt phlâat
conserto (m)	การซ่อมแซม	gaan sôrm saem
consertar, reparar (vt)	ซ่อม	sôrm
regular, ajustar (vt)	ปรับ	bpràp

verificar (vt)	ตรวจ	dtrùat
verificação (f)	การตรวจ	gaan dtrùat
indicação (f), registro (m)	คามิเตอร์	khâa mí-dtêr

| seguro (adj) | ไว้วางใจได้ | wái waang jai dâai |
| complicado (adj) | ซับซ้อน | sáp són |

enferrujar (vi)	ขึ้นสนิม	khêun sà-nǐm
enferrujado (adj)	เป็นสนิม	bpen sà-nǐm
ferrugem (f)	สนิม	sà-nǐm

Transportes

105. Avião

avião (m)	เครื่องบิน	khrêuang bin
passagem (f) aérea	ตั๋วเครื่องบิน	dtŭa khrêuang bin
companhia (f) aérea	สายการบิน	săi gaan bin
aeroporto (m)	สนามบิน	sà-năam bin
supersônico (adj)	ความเร็วเหนือเสียง	khwaam reo nĕua-sĭang
comandante (m) do avião	กัปตัน	gàp dtan
tripulação (f)	ลูกเรือ	lôok reua
piloto (m)	นักบิน	nák bin
aeromoça (f)	พนักงานต้อนรับ บนเครื่องบิน	phá-nák ngaan dtôrn ráp bon khrêuang bin
copiloto (m)	ต้นหน	dtôn hŏn
asas (f pl)	ปีก	bpèek
cauda (f)	หาง	hăang
cabine (f)	ห้องนักบิน	hôrng nák bin
motor (m)	เครื่องยนต์	khrêuang yon
trem (m) de pouso	โครงส่วนล่าง ของเครื่องบิน	khrorng sùan lâang khŏrng khrêuang bin
turbina (f)	กังหัน	gang-hăn
hélice (f)	ใบพัด	bai phát
caixa-preta (f)	กล่องดำ	glòrng dam
coluna (f) de controle	คันบังคับ	khan bang-kháp
combustível (m)	เชื้อเพลิง	chéua phlerng
instruções (f pl) de segurança	คู่มือความปลอดภัย	khôo meu khwaam bplòt phai
máscara (f) de oxigênio	หน้ากากอ็อกซิเจน	nâa gàak ók sí jayn
uniforme (m)	เครื่องแบบ	khrêuang bàep
colete (m) salva-vidas	เสื้อชูชีพ	sêua choo chêep
paraquedas (m)	ร่มชูชีพ	rôm choo chêep
decolagem (f)	การบินขึ้น	gaan bin khêun
descolar (vi)	บินขึ้น	bin khêun
pista (f) de decolagem	ทางวิ่งเครื่องบิน	thaang wîng khrêuang bin
visibilidade (f)	ทัศนวิสัย	thát sá ná wí-săi
voo (m)	การบิน	gaan bin
altura (f)	ความสูง	khwaam sŏong
poço (m) de ar	หลุมอากาศ	lŭm aa-gàat
assento (m)	ที่นั่ง	thêe nâng
fone (m) de ouvido	หูฟัง	hŏo fang
mesa (f) retrátil	ถาดพับเก็บได้	thàat pháp gèp dâai
janela (f)	หน้าต่างเครื่องบิน	nâa dtàang khrêuang bin
corredor (m)	ทางเดิน	thaang dern

106. Comboio

trem (m)	รถไฟ	rót fai
trem (m) elétrico	รถไฟชานเมือง	rót fai chaan meuang
trem (m)	รถไฟด่วน	rót fai dùan
locomotiva (f) diesel	รถจักรดีเซล	rót jàk dee-sayn
locomotiva (f) a vapor	รถจักรไอน้ำ	rót jàk ai náam
vagão (f) de passageiros	ตู้โดยสาร	dtôo doi săan
vagão-restaurante (m)	ตูเสบียง	dtôo sà-biang
carris (m pl)	รางรถไฟ	raang rót fai
estrada (f) de ferro	ทางรถไฟ	thaang rót fai
travessa (f)	หมอนรองราง	mŏrn rorng raang
plataforma (f)	ชานชลา	chaan-chá-laa
linha (f)	ราง	raang
semáforo (m)	ไฟสัญญาณรถไฟ	fai săn-yaan rót fai
estação (f)	สถานี	sà-thăa-nee
maquinista (m)	คนขับรถไฟ	khon khàp rót fai
bagageiro (m)	พนักงานยกกระเป๋า	phá-nák ngaan yók grà-bpăo
hospedeiro, -a (m, f)	พนักงานรถไฟ	phá-nák ngaan rót fai
passageiro (m)	ผู้โดยสาร	phôo doi săan
revisor (m)	พนักงานตรวจตั๋ว	phá-nák ngaan dtrùat dtŭa
corredor (m)	ทางเดิน	thaang dern
freio (m) de emergência	เบรคฉุกเฉิน	bràyk chùk-chĕrn
compartimento (m)	ตู้นอน	dtôo norn
cama (f)	เตียง	dtiang
cama (f) de cima	เตียงบน	dtiang bon
cama (f) de baixo	เตียงล่าง	dtiang lâang
roupa (f) de cama	ชุดเครื่องนอน	chút khrêuang norn
passagem (f)	ตั๋ว	dtŭa
horário (m)	ตารางเวลา	dtaa-raang way-laa
painel (m) de informação	กระดานแสดง	grà daan sà-daeng
	ข้อมูล	khôr moon
partir (vt)	ออกเดินทาง	òrk dern thaang
partida (f)	การออกเดินทาง	gaan òrk dern thaang
chegar (vi)	มาถึง	maa thĕung
chegada (f)	การมาถึง	gaan maa thĕung
chegar de trem	มาถึงโดยรถไฟ	maa thĕung doi rót fai
pegar o trem	ขึ้นรถไฟ	khêun rót fai
descer de trem	ลงจากรถไฟ	long jàak rót fai
acidente (m) ferroviário	รถไฟตกราง	rót fai dtòk raang
descarrilar (vi)	ตกราง	dtòk raang
locomotiva (f) a vapor	หัวรถจักรไอน้ำ	hŭa rót jàk ai náam
foguista (m)	คนควบคุมเตาไฟ	khon khûap khum dtao fai
fornalha (f)	เตาไฟ	dtao fai
carvão (m)	ถ่านหิน	thàan hĭn

107. Barco

navio (m)	เรือ	reua
embarcação (f)	เรือ	reua
barco (m) a vapor	เรือจักรไอน้ำ	reua jàk ai náam
barco (m) fluvial	เรือลองแม่น้ำ	reua lông mâe náam
transatlântico (m)	เรือเดินสมุทร	reua dern sà-mùt
cruzeiro (m)	เรือลาดตระเวน	reua lâat dtrà-wayn
iate (m)	เรือยอชต์	reua yôt
rebocador (m)	เรือลากจูง	reua lâak joong
barcaça (f)	เรือบรรทุก	reua ban-thúk
ferry (m)	เรือข้ามฟาก	reua khâam fâak
veleiro (m)	เรือใบ	reua bai
bergantim (m)	เรือใบสองเสากระโดง	reua bai sŏrng săo grà-dohng
quebra-gelo (m)	เรือตัดน้ำแข็ง	reua dtàt náam khăeng
submarino (m)	เรือดำน้ำ	reua dam náam
bote, barco (m)	เรือพาย	reua phaai
baleeira (bote salva-vidas)	เรือบดเล็ก	reua bòt lék
bote (m) salva-vidas	เรือชูชีพ	reua choo chêep
lancha (f)	เรือยนต์	reua yon
capitão (m)	กัปตัน	gàp dtan
marinheiro (m)	นาวิน	naa-win
marujo (m)	คนเรือ	khon reua
tripulação (f)	กะลาสี	gà-laa-sĕe
contramestre (m)	สรั่ง	sà-ràng
grumete (m)	คนช่วยงานในเรือ	khon chûay ngaan nai reua
cozinheiro (m) de bordo	กุก	gúk
médico (m) de bordo	แพทย์เรือ	phâet reua
convés (m)	ดาดฟ้าเรือ	dàat-fáa reua
mastro (m)	เสากระโดงเรือ	săo grà-dohng reua
vela (f)	ใบเรือ	bai reua
porão (m)	ท้องเรือ	thórng-reua
proa (f)	หัวเรือ	hŭa-reua
popa (f)	ท้วยเรือ	tháai reua
remo (m)	ไม้พาย	máai phaai
hélice (f)	ใบจักร	bai jàk
cabine (m)	ห้องพัก	hôrng phák
sala (f) dos oficiais	ห้องอาหาร	hôrng aa-hăan
sala (f) das máquinas	ห้องเครื่องยนต์	hôrng khrêuang yon
ponte (m) de comando	สะพานเดินเรือ	sà-phaan dern reua
sala (f) de comunicações	ห้องวิทยุ	hôrng wít-thá-yú
onda (f)	คลื่นความถี่	khlêun khwaam thèe
diário (m) de bordo	สมุดบันทึก	sà-mùt ban-théuk
luneta (f)	กล้องสองทางไกล	glôrng sòrng thaang glai
sino (m)	ระฆัง	rá-khang

bandeira (f)	ธง	thorng
cabo (m)	เชือก	chêuak
nó (m)	ปม	bpom
corrimão (m)	ราว	raao
prancha (f) de embarque	ไม้พาดให้	mái phâat hâi
	ขึ้นลงเรือ	khêun long reua
âncora (f)	สมอ	sà-mŏr
recolher a âncora	ถอนสมอ	thŏrn sà-mŏr
jogar a âncora	ทอดสมอ	thôrt sà-mŏr
amarra (corrente de âncora)	โซ่สมอเรือ	sôh sà-mŏr reua
porto (m)	ท่าเรือ	thâa reua
cais, amarradouro (m)	ท่า	thâa
atracar (vi)	จอดเทียบท่า	jòt thîap tâa
desatracar (vi)	ออกจากท่า	òrk jàak tâa
viagem (f)	การเดินทาง	gaan dern thaang
cruzeiro (m)	การล่องเรือ	gaan lôrng reua
rumo (m)	เส้นทาง	sên thaang
itinerário (m)	เส้นทาง	sên thaang
canal (m) de navegação	ร่องเรือเดิน	rông reua dern
banco (m) de areia	โขด	khòht
encalhar (vt)	เกยตื้น	goie dtêun
tempestade (f)	พายุ	phaa-yú
sinal (m)	สัญญาณ	săn-yaan
afundar-se (vr)	ลม	lôm
Homem ao mar!	คนตกเรือ!	kon dtòk reua
SOS	SOS	es-o-es
boia (f) salva-vidas	ห่วงยาง	hùang yaang

108. Aeroporto

aeroporto (m)	สนามบิน	sà-năam bin
avião (m)	เครื่องบิน	khrêuang bin
companhia (f) aérea	สายการบิน	săi gaan bin
controlador (m)	เจ้าหน้าที่ควบคุม	jâo nâa-thêe khûap khum
de tráfego aéreo	จราจรทางอากาศ	jà-raa-jon thaang aa-gàat
partida (f)	การออกเดินทาง	gaan òrk dern thaang
chegada (f)	การมาถึง	gaan maa thĕung
chegar (vi)	มาถึง	maa thĕung
hora (f) de partida	เวลาขาไป	way-laa khăa bpai
hora (f) de chegada	เวลามาถึง	way-laa maa thĕung
estar atrasado	ถูกเลื่อน	thòok lêuan
atraso (m) de voo	เลื่อนเที่ยวบิน	lêuan thieow bin
painel (m) de informação	กระดานแสดง	grà daan sà-daeng
	ข้อมูล	khôr moon

informação (f)	ข้อมูล	khôr moon
anunciar (vt)	ประกาศ	bprà-gàat
voo (m)	เที่ยวบิน	thîeow bin

| alfândega (f) | ศุลกากร | sŭn-lá-gaa-gon |
| funcionário (m) da alfândega | เจ้าหน้าที่ศุลกากร | jâo nâa-thêe sŭn-lá-gaa-gon |

declaração (f) alfandegária	แบบฟอร์มการเสีย ภาษีศุลกากร	bàep form gaan sĭa phaa-sĕe sŭn-lá-gaa-gon
preencher (vt)	กรอก	gròrk
preencher a declaração	กรอกแบบฟอร์ม การเสียภาษี	gròrk bàep form gaan sĭa paa-sĕe
controle (m) de passaporte	จุดตรวจหนังสือ เดินทาง	jùt dtrùat năng-sĕu dern-thaang

bagagem (f)	สัมภาระ	săm-phaa-rá
bagagem (f) de mão	กระเป๋าถือ	grà-bpăo thĕu
carrinho (m)	รถขนสัมภาระ	rót khŏn săm-phaa-rá

pouso (m)	การลงจอด	gaan long jòrt
pista (f) de pouso	ลานบินลงจอด	laan bin long jòrt
aterrissar (vi)	ลงจอด	long jòrt
escada (f) de avião	ทางขึ้นลง เครื่องบิน	thaang khêun long khrêuang bin

check-in (m)	การเช็คอิน	gaan chék in
balcão (m) do check-in	เคาน์เตอร์เช็คอิน	khao-dtêr chék in
fazer o check-in	เช็คอิน	chék in
cartão (m) de embarque	บัตรที่นั่ง	bàt thêe nâng
portão (m) de embarque	ซองเขา	chôrng khâo

trânsito (m)	การต่อเที่ยวบิน	gaan tòr thîeow bin
esperar (vi, vt)	รอ	ror
sala (f) de espera	หองผูโดยสารขาออก	hôrng phôo doi săan khăa òk
despedir-se (acompanhar)	ไปสง	bpai sòng
despedir-se (dizer adeus)	บอกลา	bòrk laa

Eventos

109. Férias. Evento

festa (f)	วันหยุดเฉลิมฉลอง	wan yùt chà-lĕrm chà-lŏng
feriado (m) nacional	วันชาติ	wan châat
feriado (m)	วันหยุดนักขัตฤกษ์	wan yùt nák-kàt-rêrk
festejar (vt)	เฉลิมฉลอง	chà-lĕrm chà-lŏrng
evento (festa, etc.)	เหตุการณ์	hàyt gaan
evento (banquete, etc.)	งานอีเวนต์	ngaan ee wayn
banquete (m)	งานเลี้ยง	ngaan líang
recepção (f)	งานเลี้ยง	ngaan líang
festim (m)	งานฉลอง	ngaan chà-lŏrng
aniversário (m)	วันครบรอบ	wan khróp rôrp
jubileu (m)	วันครบรอบปี	wan khróp rôrp bpee
celebrar (vt)	ฉลอง	chà-lŏrng
Ano (m) Novo	ปีใหม่	bpee mài
Feliz Ano Novo!	สวัสดีปีใหม่!	sà-wàt-dee bpee mài
Papai Noel (m)	ซานตาคลอส	saan-dtaa-khlôrt
Natal (m)	คริสต์มาส	khrít-mâat
Feliz Natal!	สุขสันต์วันคริสต์มาส	sùk-săn wan khrít-mâat
árvore (f) de Natal	ตนคริสต์มาส	dtôn khrít-mâat
fogos (m pl) de artifício	ดอกไม้ไฟ	dòrk máai fai
casamento (m)	งานแต่งงาน	ngaan dtàeng ngaan
noivo (m)	เจ้าบาว	jâo bàao
noiva (f)	เจ้าสาว	jâo săao
convidar (vt)	เชิญ	chern
convite (m)	บัตรเชิญ	bàt chern
convidado (m)	แขก	khàek
visitar (vt)	ไปเยี่ยม	bpai yîam
receber os convidados	ตอนรับแขก	dton ráp khàek
presente (m)	ของขวัญ	khŏrng khwăn
oferecer, dar (vt)	ให้	hâi
receber presentes	รับของขวัญ	ráp khŏrng khwăn
buquê (m) de flores	ช่อดอกไม้	chôr dòrk máai
felicitações (f pl)	คำแสดง ความยินดี	kham sà-daeng khwaam yin-dee
felicitar (vt)	แสดงความยินดี	sà-daeng khwaam yin dee
cartão (m) de parabéns	บัตรอวยพร	bàt uay phon
enviar um cartão postal	ส่งโปสการ์ด	sòng bpòht-gàat

receber um cartão postal	รับโปสการ์ด	ráp bpòht-gàat
brinde (m)	ดื่มอวยพร	dèum uay phon
oferecer (vt)	เลี้ยงเครื่องดื่ม	líang khrêuang dèum
champanhe (m)	แชมเปญ	chaem-bpayn
divertir-se (vr)	มีความสุข	mee khwaam sùk
diversão (f)	ความรื่นเริง	khwaam rêun-rerng
alegria (f)	ความสุขสันต์	khwaam sùk-săn
dança (f)	การเต้น	gaan dtên
dançar (vi)	เต้น	dtên
valsa (f)	วอลทซ์	wɔ:lts
tango (m)	แทงโก้	thaeng-gôh

110. Funerais. Enterro

cemitério (m)	สุสาน	sù-săan
sepultura (f), túmulo (m)	หลุมศพ	lŭm sòp
cruz (f)	ไม้กางเขน	mái gaang khăyn
lápide (f)	ป้ายหลุมศพ	bpâai lŭm sòp
cerca (f)	รั้ว	rúa
capela (f)	โรงสวด	rohng sùat
morte (f)	ความตาย	khwaam dtaai
morrer (vi)	ตาย	dtaai
defunto (m)	ผู้เสียชีวิต	phôo sĭa chee-wít
luto (m)	การไว้อาลัย	gaan wái aa-lai
enterrar, sepultar (vt)	ฝังศพ	făng sòp
funerária (f)	บริษัทรับจัดงานศพ	bor-rí-sàt ráp jàt ngaan sòp
funeral (m)	งานศพ	ngaan sòp
coroa (f) de flores	พวงหรีด	phuang rèet
caixão (m)	โลงศพ	lohng sòp
carro (m) funerário	รถขนศพ	rót khŏn sòp
mortalha (f)	ผ้าห่อศพ	phâa hòr sòp
procissão (f) funerária	พิธีศพ	phí-tee sòp
urna (f) funerária	โกศ	gòht
crematório (m)	เมรุ	mayn
obituário (m), necrologia (f)	ข่าวมรณกรรม	khàao mor-rá-ná-gam
chorar (vi)	ร้องไห้	rórng hâi
soluçar (vi)	สะอื้น	sà-êun

111. Guerra. Soldados

pelotão (m)	หมวด	mùat
companhia (f)	กองร้อย	gorng rói
regimento (m)	กรม	grom
exército (m)	กองทัพ	gorng tháp

divisão (f)	กองพล	gorng phon-la
esquadrão (m)	หมู่	mòo
hoste (f)	กองทัพ	gorng tháp

| soldado (m) | ทหาร | thá-hǎan |
| oficial (m) | นายทหาร | naai thá-hǎan |

soldado (m) raso	พลทหาร	phon-thá-hǎan
sargento (m)	สิบเอก	sìp àyk
tenente (m)	ร้อยโท	rói thoh
capitão (m)	ร้อยเอก	rói àyk
major (m)	พลตรี	phon-dtree

| coronel (m) | พันเอก | phan àyk |
| general (m) | นายพล | naai phon |

marujo (m)	กะลาสี	gà-laa-sěe
capitão (m)	กัปตัน	gàp dtan
contramestre (m)	สรั่งเรือ	sà-ràng reua

artilheiro (m)	ทหารปืนใหญ่	thá-hǎan bpeun yài
soldado (m) paraquedista	พลรม	phon-rôm
piloto (m)	นักบิน	nák bin

| navegador (m) | ต้นหน | dtôn hǒn |
| mecânico (m) | ช่างเครื่อง | châang khrêuang |

| sapador-mineiro (m) | ทหารช่าง | thá-hǎan châang |
| paraquedista (m) | ทหารราบอากาศ | thá-hǎan râap aa-gàat |

| explorador (m) | ทหารพราน | thá-hǎan phraan |
| atirador (m) de tocaia | พลซุมยิง | phon sûm ying |

patrulha (f)	หน่วยลาดตระเวน	nùay lâat dtrà-wayn
patrulhar (vt)	ลาดตระเวน	lâat dtrà-wayn
sentinela (f)	ทหารยาม	tá-hǎan yaam

| guerreiro (m) | นักรบ | nák róp |
| patriota (m) | ผู้รักชาติ | phôo rák châat |

| herói (m) | วีรบุรุษ | wee-rá-bù-rùt |
| heroína (f) | วีรสตรี | wee rá-sot dtree |

| traidor (m) | ผู้ทรยศ | phôo thor-rá-yót |
| trair (vt) | ทรยศ | thor-rá-yót |

| desertor (m) | ทหารหนีทัพ | thá-hǎan něe tháp |
| desertar (vt) | หนีทัพ | něe tháp |

mercenário (m)	ทหารรับจ้าง	thá-hǎan ráp jâang
recruta (m)	เกณฑ์ทหาร	gayn thá-hǎan
voluntário (m)	อาสาสมัคร	aa-sǎa sà-màk

morto (m)	คนถูกฆ่า	khon thòok khâa
ferido (m)	ผู้ได้รับบาดเจ็บ	phôo dâai ráp bàat jèp
prisioneiro (m) de guerra	เชลยศึก	chá-loie sèuk

112. Guerra. Ações militares. Parte 1

guerra (f)	สงคราม	sŏng-khraam
guerrear (vt)	ทำสงคราม	tham sŏng-khraam
guerra (f) civil	สงครามกลางเมือง	sŏng-khraam glaang-meuang
perfidamente	ตลบตะแลง	dtà-lòp-dtà-laeng
declaração (f) de guerra	การประกาศสงคราม	gaan bprà-gàat sŏng-khraam
declarar guerra	ประกาศสงคราม	bprà-gàat sŏng-khraam
agressão (f)	การรุกราน	gaan rúk-raan
atacar (vt)	บุกรุก	bùk rúk
invadir (vt)	บุกรุก	bùk rúk
invasor (m)	ผู้บุกรุก	phôo bùk rúk
conquistador (m)	ผู้ยึดครอง	phôo yéut khrorng
defesa (f)	การป้องกัน	gaan bpôrng gan
defender (vt)	ปกป้อง	bpòk bpôrng
defender-se (vr)	ป้องกัน	bpôrng gan
inimigo (m)	ศัตรู	sàt-dtroo
adversário (m)	ข้าศึก	khâa sèuk
inimigo (adj)	ศัตรู	sàt-dtroo
estratégia (f)	ยุทธศาสตร์	yút-thá-sàat
tática (f)	ยุทธวิธี	yút-thá-wí-thee
ordem (f)	คำสั่ง	kham sàng
comando (m)	คำบัญชาการ	kham ban-chaa gaan
ordenar (vt)	สั่ง	sàng
missão (f)	ภารกิจ	phaa-rá-gìt
secreto (adj)	อย่างลับ	yàang láp
batalha (f), combate (m)	การรบ	gaan róp
ataque (m)	การจู่โจม	gaan jòo johm
assalto (m)	การเข้าจู่โจม	gaan khâo jòo johm
assaltar (vt)	บุกจู่โจม	bùk jòo johm
assédio, sítio (m)	การโอบล้อมโจมตี	gaan òhp lóm johm dtee
ofensiva (f)	การโจมตี	gaan johm dtee
tomar à ofensiva	โจมตี	johm dtee
retirada (f)	การถอย	gaan thŏi
retirar-se (vr)	ถอย	thŏi
cerco (m)	การปิดล้อม	gaan bpìt lórm
cercar (vt)	ปิดล้อม	bpìt lórm
bombardeio (m)	การทิ้งระเบิด	gaan thíng rá-bèrt
lançar uma bomba	ทิ้งระเบิด	thíng rá-bèrt
bombardear (vt)	ทิ้งระเบิด	thíng rá-bèrt
explosão (f)	การระเบิด	gaan rá-bèrt
tiro (m)	การยิง	gaan ying
dar um tiro	ยิง	ying

tiroteio (m)	การยิง	gaan ying
apontar para ...	เล็ง	leng
apontar (vt)	ชี้	chée
acertar (vt)	ถูกเป้าหมาย	thòok bpâo măai

afundar (~ um navio, etc.)	จม	jom
brecha (f)	รู	roo
afundar-se (vr)	จม	jom

frente (m)	แนวหน้า	naew nâa
evacuação (f)	การอพยพ	gaan òp-phá-yóp
evacuar (vt)	อพยพ	òp-phá-yóp

trincheira (f)	สนามเพลาะ	sà-năam phlór
arame (m) enfarpado	ลวดหนาม	lûat năam
barreira (f) anti-tanque	สิ่งกีดขวาง	sìng gèet-khwăang
torre (f) de vigia	หอสังเกตการณ์	hŏr săng-gàyt gaan

hospital (m) militar	โรงพยาบาลทหาร	rohng phá-yaa-baan thá-hăan
ferir (vt)	ทำให้บาดเจ็บ	tham hâi bàat jèp
ferida (f)	แผล	phlăe
ferido (m)	ผู้ได้รับบาดเจ็บ	phôo dâai ráp bàat jèp
ficar ferido	ได้รับบาดเจ็บ	dâai ráp bàat jèp
grave (ferida ~)	รายแรง	ráai raeng

113. Guerra. Ações militares. Parte 2

cativeiro (m)	การเป็นเชลย	gaan bpen chá-loie
capturar (vt)	จับเชลย	jàp chá-loie
estar em cativeiro	เป็นเชลย	bpen chá-loie
ser aprisionado	ถูกจับเป็นเชลย	thòok jàp bpen chá-loie

campo (m) de concentração	ค่ายกักกัน	khâai gàk gan
prisioneiro (m) de guerra	เชลยศึก	chá-loie sèuk
escapar (vi)	หนี	nĕe

trair (vt)	ทูรยศ	thor-rá-yót
traidor (m)	ผู้ทรยศ	phôo thor-rá-yót
traição (f)	การทรยศ	gaan thor-rá-yót

| fuzilar, executar (vt) | ประหาร | bprà-hăan |
| fuzilamento (m) | การประหาร | gaan bprà-hăan |

equipamento (m)	ชุดเสื้อผ้าทหาร	chút sêua phâa thá-hăan
insígnia (f) de ombro	บั้ง	bâng
máscara (f) de gás	หน้ากากกันแก๊ส	nâa gàak gan gàet

rádio (m)	วิทยุสนาม	wít-thá-yú sà-năam
cifra (f), código (m)	รหัส	rá-hàt
conspiração (f)	ความลับ	khwaam láp
senha (f)	รหัสผาน	rá-hàt phàan
mina (f)	กับระเบิด	gàp rá-bèrt
minar (vt)	วางกับระเบิด	waang gàp rá-bèrt

campo (m) minado	เขตทุ่นระเบิด	khàyt thûn rá-bèrt
alarme (m) aéreo	สัญญาณเตือนภัย ทางอากาศ	săn-yaan dteuan phai thaang aa-gàat
alarme (m)	สัญญาณเตือนภัย	săn-yaan dteuan phai
sinal (m)	สัญญาณ	săn-yaan
sinalizador (m)	พลุสัญญาณ	phlú săn-yaan
quartel-general (m)	กองบัญชาการ	gorng ban-chaa gaan
reconhecimento (m)	การลาดตระเวน	gaan lâat dtrà-wayn
situação (f)	สถานการณ์	sà-thăan gaan
relatório (m)	การรายงาน	gaan raai ngaan
emboscada (f)	การซุ่มโจมตี	gaan sûm johm dtee
reforço (m)	กำลังเสริม	gam-lang sěrm
alvo (m)	เป้าหมาย	bpâo măai
campo (m) de tiro	สถานที่ทดลอง	sà-tăan thêe thót long
manobras (f pl)	การซ้อมรบ	gaan sórm róp
pânico (m)	ความตื่นตระหนก	khwaam dtèun dtrà-nòk
devastação (f)	การทำลายล้าง	gaan tham-laai láang
ruínas (f pl)	ซาก	sâak
destruir (vt)	ทำลาย	tham laai
sobreviver (vi)	รอดชีวิต	rôt chee-wít
desarmar (vt)	ปลดอาวุธ	bplòt aa-wút
manusear (vt)	ใช้	chái
Sentido!	หยุด	yùt
Descansar!	พัก	phák
façanha (f)	การแสดงความ กล้าหาญ	gaan sà-daeng khwaam glâa hăan
juramento (m)	คำสาบาน	kham săa-baan
jurar (vi)	สาบาน	săa baan
condecoração (f)	รางวัล	raang-wan
condecorar (vt)	มอบรางวัล	môrp raang-wan
medalha (f)	เหรียญรางวัล	rĭan raang-wan
ordem (f)	เครื่องอิสริยาภรณ์	khrêuang ìt-sà-rí-yaa-phon
vitória (f)	ชัยชนะ	chai chá-ná
derrota (f)	ความพ่ายแพ้	khwaam phâai pháe
armistício (m)	การพักรบ	gaan phák róp
bandeira (f)	ธงรบ	thorng róp
glória (f)	ความรุ่งโรจน์	khwaam rûng-rôht
parada (f)	ขบวนสวนสนาม	khà-buan sŭan sà-năam
marchar (vi)	เดินสวนสนาม	dern sŭan sà-năam

114. Armas

arma (f)	อาวุธ	aa-wút
arma (f) de fogo	อาวุธปืน	aa-wút bpeun
arma (f) branca	อาวุธเย็น	aa-wút yen

arma (f) química	อาวุธเคมี	aa-wút khay-mee
nuclear (adj)	นิวเคลียร์	niw-khlia
arma (f) nuclear	อาวุธนิวเคลียร์	aa-wút niw-khlia
bomba (f)	ลูกระเบิด	lôok rá-bèrt
bomba (f) atômica	ลูกระเบิดปรมาณู	lôok rá-bèrt bpà-rá-maa-noo
pistola (f)	ปืนพก	bpeun phók
rifle (m)	ปืนไรเฟิล	bpeun rai-fern
semi-automática (f)	ปืนกลมือ	bpeun gon meu
metralhadora (f)	ปืนกล	bpeun gon
boca (f)	ปากประบอกปืน	bpàak bprà bòrk bpeun
cano (m)	ลำกลอง	lam glông
calibre (m)	ขนาดลำกล้อง	khà-nàat lam glôrng
gatilho (m)	ไกปืน	gai bpeun
mira (f)	ศูนย์เล็ง	sŏon leng
carregador (m)	แม็กกาซีน	máek-gaa-seen
coronha (f)	พานท้ายปืน	phaan tháai bpeun
granada (f) de mão	ระเบิดมือ	rá-bèrt meu
explosivo (m)	วัตถุระเบิด	wát-thù rá-bèrt
bala (f)	ลูกกระสุน	lôok grà-sŭn
cartucho (m)	ตลับกระสุน	dtà-làp grà-sŭn
carga (f)	กระสุน	grà-sŭn
munições (f pl)	อาวุธยุทธภัณฑ์	aa-wút yút-thá-phan
bombardeiro (m)	เครื่องบินทิ้งระเบิด	khrêuang bin thíng rá-bèrt
avião (m) de caça	เครื่องบินขับไล่	khrêuang bin khàp lâi
helicóptero (m)	เฮลิคอปเตอร์	hay-lí-khôrp-dtêr
canhão (m) antiaéreo	ปืนต่อสู้	bpeun dtòr sôo
	อากาศยาน	aa-gàat-sà-yaan
tanque (m)	รถถัง	rót thăng
canhão (de um tanque)	ปืนรถถัง	bpeun rót thăng
artilharia (f)	ปืนใหญ่	bpeun yài
canhão (m)	ปืน	bpeun
fazer a pontaria	เล็งเป้าปืน	leng bpâo bpeun
projétil (m)	กระสุน	grà-sŭn
granada (f) de morteiro	กระสุนปืนครก	grà-sŭn bpeun khrók
morteiro (m)	ปืนครก	bpeun khrók
estilhaço (m)	สะเก็ดระเบิด	sà-gèt rá-bèrt
submarino (m)	เรือดำน้ำ	reua dam náam
torpedo (m)	ตอร์ปิโด	dtor-bpì-doh
míssil (m)	ขีปนาวุธ	khĕe-bpà-naa-wút
carregar (uma arma)	ใส่กระสุน	sài grà-sŭn
disparar, atirar (vi)	ยิง	ying
apontar para ...	เล็ง	leng
baioneta (f)	ดาบปลายปืน	dàap bplaai bpeun
espada (f)	เรเปียร์	ray-bpia

sabre (m)	ดาบโค้ง	dàap khóhng
lança (f)	หอก	hòrk
arco (m)	ธนู	thá-noo
flecha (f)	ลูกธนู	lôok-thá-noo
mosquete (m)	ปืนคาบศิลา	bpeun khâap sì-laa
besta (f)	หน้าไม้	nâa máai

115. Povos da antiguidade

primitivo (adj)	แบบดั้งเดิม	bàep dâng derm
pré-histórico (adj)	ยุคก่อนประวัติศาสตร์	yúk gòn bprà-wàt sàat
antigo (adj)	โบราณ	boh-raan
Idade (f) da Pedra	ยุคหิน	yúk hǐn
Idade (f) do Bronze	ยุคสำริด	yúk sǎm-rít
Era (f) do Gelo	ยุคน้ำแข็ง	yúk nám khǎeng
tribo (f)	เผ่า	phào
canibal (m)	ผู้ที่กินเนื้อคน	phôo thêe gin néua khon
caçador (m)	นักล่าสัตว์	nák lâa sàt
caçar (vi)	ล่าสัตว์	lâa sàt
mamute (m)	ช้างแมมมอธ	cháang-maem-môt
caverna (f)	ถ้ำ	thâm
fogo (m)	ไฟ	fai
fogueira (f)	กองไฟ	gorng fai
pintura (f) rupestre	ภาพวาดในถ้ำ	phâap-wâat nai thâm
ferramenta (f)	เครื่องมือ	khrêuang meu
lança (f)	หอก	hòrk
machado (m) de pedra	ขวานหิน	khwǎan hǐn
guerrear (vt)	ทำสงคราม	tham sǒng-khraam
domesticar (vt)	เชื่อง	chêuang
ídolo (m)	เทวรูป	theu-rôop
adorar, venerar (vt)	บูชา	boo-chaa
superstição (f)	ความเชื่องมงาย	khwaam chêua ngom-ngaai
ritual (m)	พิธีกรรม	phí-thee gam
evolução (f)	วิวัฒนาการ	wí-wát-thá-naa-gaan
desenvolvimento (m)	การพัฒนา	gaan phát-thá-naa
extinção (f)	การสูญพันธุ์	gaan sǒon phan
adaptar-se (vr)	ปรับตัว	bpràp dtua
arqueologia (f)	โบราณคดี	boh-raan khá-dee
arqueólogo (m)	นักโบราณคดี	nák boh-raan-ná-khá-dee
arqueológico (adj)	ทางโบราณคดี	thaang boh-raan khá-dee
escavação (sítio)	แหล่งขุดค้น	làeng khùt khón
escavações (f pl)	การขุดค้น	gaan khùt khón
achado (m)	สิ่งที่ค้นพบ	sìng thêe khón phóp
fragmento (m)	เศษชิ้นส่วน	sàyt chín sùan

116. Idade média

povo (m)	ชาติพันธุ์	châat-dtì-phan
povos (m pl)	ชาติพันธุ์	châat-dtì-phan
tribo (f)	เผ่า	phào
tribos (f pl)	เผ่า	phào
bárbaros (pl)	อนารยชน	à-naa-rá-yá-chon
galeses (pl)	ชาวโกล	chaao gloh
godos (pl)	ชาวกอธ	chaao gòt
eslavos (pl)	ชาวสลาฟ	chaao sà-làaf
viquingues (pl)	ชาวไวกิ้ง	chaao wai-gîng
romanos (pl)	ชาวโรมัน	chaao roh-man
romano (adj)	โรมัน	roh-man
bizantinos (pl)	ชาวไบแซนไทน์	chaao bai-saen-tpai
Bizâncio	ไบแซนเทียม	bai-saen-thiam
bizantino (adj)	ไบแซนไทน์	bai-saen-thai
imperador (m)	จักรพรรดิ	jàk-grà-phát
líder (m)	ผู้นำ	phôo nam
poderoso (adj)	ทรงพลัง	song phá-lang
rei (m)	มูหากษัตริย์	má-hǎa gà-sàt
governante (m)	ผู้ปกครอง	phôo bpòk khrorng
cavaleiro (m)	อัศวิน	àt-sà-win
senhor feudal (m)	เจาครองนคร	jâo khrorng ná-khon
feudal (adj)	ระบบศักดินา	rá-bòp sàk-gà-dì naa
vassalo (m)	เจาของที่ดิน	jâo khǒrng thêe din
duque (m)	ดยุค	dà-yúk
conde (m)	เอิรล	ern
barão (m)	บารอน	baa-rorn
bispo (m)	พระบิชอป	phrá bì-chôp
armadura (f)	เกราะ	gròr
escudo (m)	โล่	lôh
espada (f)	ดาบ	dàap
viseira (f)	กะบังหน้าของหมวก	gà-bang nâa khǒrng mùak
cota (f) de malha	เสื้อเกราะถัก	sêua gròr thàk
cruzada (f)	สงครามครูเสด	sǒng-khraam khroo-sàyt
cruzado (m)	ผู้ทำสงคราม	phôo tham sǒng-kraam
	ศาสนา	sàat-sà-nǎa
território (m)	อาณาเขต	aa-naa khàyt
atacar (vt)	โจมตี	johm dtee
conquistar (vt)	ยึดครอง	yéut khrorng
ocupar, invadir (vt)	บุกยึด	bùk yéut
assédio, sítio (m)	การโอบล้อมโจมตี	gaan òhp lóm johm dtee
sitiado (adj)	ถูกล้อมกรอบ	thòok lóm gròp
assediar, sitiar (vt)	ล้อมโจมตี	lóm johm dtee
inquisição (f)	การไต่สวน	gaan dtài sǔan

inquisidor (m)	ผู้ไต่สวน	phôo dtài sŭan
tortura (f)	การทูรมาน	gaan thor-rá-maan
cruel (adj)	โหดร้าย	hòht ráai
herege (m)	ผู้นอกรีต	phôo nôrk rêet
heresia (f)	ความนอกรีต	khwaam nôrk rêet
navegação (f) marítima	การเดินเรือทะเล	gaan dern reua thá-lay
pirata (m)	โจรสลัด	john sà-làt
pirataria (f)	การปลนสะดม ในนานน้ำทะเล	gaan bplôn-sà-dom nai nâan náam thá-lay
abordagem (f)	การบุกขึ้นเรือ	gaan bùk khêun reua
presa (f), butim (m)	ของที่ปลน สะดมมา	khŏrng têe bplôn- sà-dom maa
tesouros (m pl)	สมบัติ	sŏm-bàt
descobrimento (m)	การค้นพบ	gaan khón phóp
descobrir (novas terras)	คนพบ	khón phóp
expedição (f)	การสำรวจ	gaan săm-rùat
mosqueteiro (m)	ทหารถือ ปืนคาบศิลา	thá-hăan thĕu bpeun khâap sì-laa
cardeal (m)	พระคาร์ดินัลฺ	phrá khaa-dì-nan
heráldica (f)	มุทราศาสตร์	mút-raa sàat
heráldico (adj)	ทางมุทราศาสตร์	thaang mút-raa sàat

117. Líder. Chefe. Autoridades

rei (m)	ราชา	raa-chaa
rainha (f)	ราชินี	raa-chí-nee
real (adj)	เกี่ยวกับราชวงศ์	gìeow gàp râat-cha-wong
reino (m)	ราชอาณาจักร	râat aa-naa jàk
príncipe (m)	เจ้าชาย	jâo chaai
princesa (f)	เจาหญิง	jâo yĭng
presidente (m)	ประธานาธิบดี	bprà-thaa-naa-thí-bor-dee
vice-presidente (m)	รองประธา นาธิบดี	rorng bprà-thaa- naa-thí-bor-dee
senador (m)	สมาชิกวุฒิสภา	sà-maa-chík wút-thí sà-phaa
monarca (m)	กษัตริย์	gà-sàt
governante (m)	ผูปกครอง	phôo bpòk khrorng
ditador (m)	เผด็จการ	phà-dèt gaan
tirano (m)	ทูรราช	thor-rá-râat
magnata (m)	ผูมีอิทธิพลสูง	phôo mee ìt-thí phon sŏong
diretor (m)	ผู้อำนวยการ	phôo am-nuay gaan
chefe (m)	หัวหน้า	hŭa-nâa
gerente (m)	ผูจัดการ	phôo jàt gaan
patrão (m)	หัวหน้า	hŭa-nâa
dono (m)	เจาของ	jâo khŏrng
líder (m)	ผู้นำ	phôo nam
chefe (m)	หัวหน้า	hŭa-nâa

autoridades (f pl)	เจ้าหน้าที่	jâo nâa-thêe
superiores (m pl)	ผู้บังคับบัญชา	phôo bang-kháp ban-chaa
governador (m)	ผู้ว่าการ	phôo wâa gaan
cônsul (m)	กงสุล	gong-sǔn
diplomata (m)	นักการทูต	nák gaan thôot
Presidente (m) da Câmara	นายกเทศมนตรี	naa-yók thâyt-sà-mon-dtree
xerife (m)	นายอำเภอ	naai am-pher
imperador (m)	จักรพรรดิ	jàk-grà-phát
czar (m)	ซาร์	saa
faraó (m)	ฟาโรห์	faa-roh
cã, khan (m)	ขาน	khàan

118. Violação da lei. Criminosos. Parte 1

bandido (m)	โจร	john
crime (m)	อาชญากรรม	àat-yaa-gam
criminoso (m)	อาชญากร	àat-yaa-gon
ladrão (m)	ขโมย	khà-moi
roubar (vt)	ขโมย	khà-moi
roubo (atividade)	การลักขโมย	gaan lák khà-moi
furto (m)	การลักทรัพย์	gaan lák sáp
raptar, sequestrar (vt)	ลักพาตัว	lák phaa dtua
sequestro (m)	การลักพาตัว	gaan lák phaa dtua
sequestrador (m)	ผู้ลักพาตัว	phôo lák phaa dtua
resgate (m)	ค่าไถ่	khâa thài
pedir resgate	เรียกเงินค่าไถ่	rîak ngern khâa thài
roubar (vt)	ปล้น	bplôn
assalto, roubo (m)	การปล้น	gaan bplôn
assaltante (m)	ขโมยขโจร	khà-moi khà-john
extorquir (vt)	รีดไถ	rêet thǎi
extorsionário (m)	ผู้รีดไถ	phôo rêet thǎi
extorsão (f)	การรีดไถ	gaan rêet thǎi
matar, assassinar (vt)	ฆ่า	khâa
homicídio (m)	ฆาตกรรม	khâat-dtà-gaam
homicida, assassino (m)	ฆาตกร	khâat-dtà-gon
tiro (m)	การยิงปืน	gaan ying bpeun
dar um tiro	ยิง	ying
matar a tiro	ยิงให้ตาย	ying hâi dtaai
disparar, atirar (vi)	ยิง	ying
tiroteio (m)	การยิง	gaan ying
incidente (m)	เหตุการณ์	hàyt gaan
briga (~ de rua)	การต่อสู้	gaan dtòr sôo
Socorro!	ขอช่วย	khǒr chûay
vítima (f)	เหยื่อ	yèua

danificar (vt)	ทำความเสียหาย	tham khwaam sĭa hăai
dano (m)	ความเสียหาย	khwaam sĭa hăai
cadáver (m)	ศพ	sòp
grave (adj)	รายแรง	ráai raeng
atacar (vt)	จู่โจม	jòo johm
bater (espancar)	ตี	dtee
espancar (vt)	ซ้อม	sórm
tirar, roubar (dinheiro)	ปลัน	bplôn
esfaquear (vt)	แทงให้ตาย	thaeng hâi dtaai
mutilar (vt)	ทำให้บาดเจ็บสาหัส	tham hâi bàat jèp săa hàt
ferir (vt)	บาด	bàat
chantagem (f)	การกรรโชก	gaan-gan-chôhk
chantagear (vt)	กรรโชก	gan-chôhk
chantagista (m)	ผู้ขูกรรโชก	phôo khòo gan-chôhk
extorsão (f)	การคุมครอง ผิดกฎหมาย	gaan khum khrorng phìt gòt măai
extorsionário (m)	ผู้ที่หาเงิน จากกิจกรรมที่ ผิดกฎหมาย	phôo thêe hăa ngern jàak gìt-jà-gam thêe phìt gòt măai
gângster (m)	เหล่าร้าย	lào ráai
máfia (f)	มาเฟีย	maa-fia
punguista (m)	ขโมยล้วงกระเป๋า	khà-moi lúang grà-bpăo
assaltante, ladrão (m)	ขโมยยองเบา	khà-moi yông bao
contrabando (m)	การลักลอบ	gaan lák-lôrp
contrabandista (m)	ผู้ลักลอบ	phôo lák lôrp
falsificação (f)	การปลอมแปลง	gaan bplorm bplaeng
falsificar (vt)	ปลอมแปลง	bplorm bplaeng
falsificado (adj)	ปลอม	bplorm

119. Violação da lei. Criminosos. Parte 2

estupro (m)	การข่มขืน	gaan khòm khĕun
estuprar (vt)	ข่มขืน	khòm khĕun
estuprador (m)	โจรขุมขืน	john khòm khĕun
maníaco (m)	คนบา	khon bâa
prostituta (f)	โสเภณี	sŏh-phay-nee
prostituição (f)	การค้าประเวณี	gaan kháa bprà-way-nee
cafetão (m)	แมงดา	maeng-daa
drogado (m)	ผู้ติดยาเสพติด	phôo dtìt yaa-sàyp-dtìt
traficante (m)	พอค้ายาเสพติด	phôr kháa yaa-sàyp-dtìt
explodir (vt)	ระเบิด	rá-bèrt
explosão (f)	การระเบิด	gaan rá-bèrt
incendiar (vt)	เผา	phăo
incendiário (m)	ผู้ลอบวางเพลิง	phôo lôp waang phlerng
terrorismo (m)	การก่อการร้าย	gaan gòr gaan ráai
terrorista (m)	ผู้ก่อการร้าย	phôo gòr gaan ráai

refém (m)	ตัวประกัน	dtua bprà-gan
enganar (vt)	ลอลวง	lôr luang
engano (m)	การลอลวง	gaan lôr luang
vigarista (m)	นักตมตุน	nák dtôm dtŭn
subornar (vt)	ติดสินบน	dtìt sĭn-bon
suborno (atividade)	การติดสินบน	gaan dtìt sĭn-bon
suborno (dinheiro)	สินบน	sĭn bon
veneno (m)	ยาพิษ	yaa phít
envenenar (vt)	วางยาพิษ	waang-yaa phít
envenenar-se (vr)	กินยาตาย	gin yaa dtaai
suicídio (m)	การฆ่าตัวตาย	gaan khâa dtua dtaai
suicida (m)	ผู้ฆ่าตัวตาย	phôo khâa dtua dtaai
ameaçar (vt)	ขู่	khòo
ameaça (f)	คำขู่	kham khòo
atentar contra a vida de ...	พยายามฆ่า	phá-yaa-yaam khâa
atentado (m)	การพยายามฆ่า	gaan phá-yaa-yaam khâa
roubar (um carro)	จี้	jêe
sequestrar (um avião)	จี้	jêe
vingança (f)	การแก้แค้น	gaan gâe kháen
vingar (vt)	แก้แค้น	gâe kháen
torturar (vt)	ทรมาณ	thon-maan
tortura (f)	การทรมาน	gaan thor-rá-maan
atormentar (vt)	ทำทารุณ	tam taa-run
pirata (m)	โจรสลัด	john sà-làt
desordeiro (m)	นักเลง	nák-layng
armado (adj)	มีอาวุธ	mee aa-wút
violência (f)	ความรุนแรง	khwaam run raeng
ilegal (adj)	ผิดกฎหมาย	phìt gòt măai
espionagem (f)	จารกรรม	jaa-rá-gam
espionar (vi)	ลวงความลับ	lúang khwaam láp

120. Polícia. Lei. Parte 1

justiça (sistema de ~)	ยุติธรรม	yút-dtì-tham
tribunal (m)	ศาล	săan
juiz (m)	ผู้พิพากษา	phôo phí-phâak-să
jurados (m pl)	ลูกขุน	lôok khŭn
tribunal (m) do júri	การไต่สวนคดี	gaan dtài sŭan khá-dee
	แบบมีลูกขุน	bàep mee lôok khŭn
julgar (vt)	พิพากษา	phí-phâak-să
advogado (m)	ทนายความ	thá-naai khwaam
réu (m)	จำเลย	jam loie
banco (m) dos réus	คอกจำเลย	khôrk jam loie

acusação (f)	ข้อกล่าวหา	khôr glàao hǎa
acusado (m)	ถูกกล่าวหา	thòok glàao hǎa
sentença (f)	การลงโทษ	gaan long thôht
sentenciar (vt)	พิพากษา	phí-phâak-sǎa
culpado (m)	ผู้กระทำความผิด	phôo grà-tham khwaam phìt
punir (vt)	ลงโทษ	long thôht
punição (f)	การลงโทษ	gaan long thôht
multa (f)	ปรับ	bpràp
prisão (f) perpétua	การจำคุก	gaan jam khúk
	ตลอดชีวิต	dtà-lòt chee-wít
pena (f) de morte	โทษประหาร	thôht-bprà-hǎan
cadeira (f) elétrica	เก้าอี้ไฟฟ้า	gâo-êe fai-fáa
forca (f)	ตะแลงแกง	dtà-laeng-gaeng
executar (vt)	ประหาร	bprà-hǎan
execução (f)	การประหาร	gaan bprà-hǎan
prisão (f)	คุก	khúk
cela (f) de prisão	ห้องขัง	hôrng khǎng
escolta (f)	ผู้ควบคุมตัว	phôo khûap khum dtua
guarda (m) prisional	ผู้คุม	phôo khum
preso, prisioneiro (m)	นักโทษ	nák thôht
algemas (f pl)	กุญแจมือ	gun-jae meu
algemar (vt)	ใส่กุญแจมือ	sài gun-jae meu
fuga, evasão (f)	การแหกคุก	gaan hàek khúk
fugir (vi)	แหก	hàek
desaparecer (vi)	หายตัวไป	hǎai dtua bpai
soltar, libertar (vt)	ถูกปล่อยตัว	thòok bplòi dtua
anistia (f)	การนิรโทษกรรม	gaan ní-rá-thôht gam
polícia (instituição)	ตำรวจ	dtam-rùat
polícia (m)	เจ้าหน้าที่ตำรวจ	jâo nâa-thêe dtam-rùat
delegacia (f) de polícia	สถานีตำรวจ	sà-thǎa-nee dtam-rùat
cassetete (m)	กระบองตำรวจ	grà-bong dtam-rùat
megafone (m)	โทรโข่ง	toh-ra -khòhng
carro (m) de patrulha	รถลาดตระเวน	rót lâat dtrà-wayn
sirene (f)	หวอ	wǒr
ligar a sirene	เปิดหวอ	bpèrt wǒr
toque (m) da sirene	เสียงหวอ	sǐang wǒr
cena (f) do crime	ที่เกิดเหตุ	thêe gèrt hàyt
testemunha (f)	พยาน	phá-yaan
liberdade (f)	อิสระ	ìt-sà-rà
cúmplice (m)	ผู้ร่วมกระทำผิด	phôo rûam grà-tham phìt
escapar (vi)	หนี	něe
traço (não deixar ~s)	ร่องรอย	rông roi

121. Polícia. Lei. Parte 2

procura (f)	การสืบสวน	gaan sèup sŭan
procurar (vt)	หาตัว	hăa dtua
suspeita (f)	ความสงสัย	khwaam sŏng-săi
suspeito (adj)	น่าสงสัย	nâa sŏng-săi
parar (veículo, etc.)	เรียกให้หยุด	rîak hâi yùt
deter (fazer parar)	กักตัว	gàk dtua
caso (~ criminal)	คดี	khá-dee
investigação (f)	การสืบสวน	gaan sèup sŭan
detetive (m)	นักสืบ	nák sèup
investigador (m)	นักสอบสวน	nák sòrp sŭan
versão (f)	สันนิษฐาน	săn-nít-thăan
motivo (m)	เหตุจูงใจ	hàyt joong jai
interrogatório (m)	การสอบปากคำ	gaan sòp bpàak kham
interrogar (vt)	สอบสวน	sòrp sŭan
questionar (vt)	ไต่ถาม	thài thăam
verificação (f)	การตรวจสอบ	gaan dtrùat sòp
batida (f) policial	การรวบตัว	gaan rûap dtua
busca (f)	การตรวจค้น	gaan dtrùat khón
perseguição (f)	การไล่ล่า	gaan lâi lâa
perseguir (vt)	ไล่ล่า	lâi lâa
seguir, rastrear (vt)	สืบ	sèup
prisão (f)	การจับกุม	gaan jàp gum
prender (vt)	จับกุม	jàp gum
pegar, capturar (vt)	จับ	jàp
captura (f)	การจับ	gaan jàp
documento (m)	เอกสาร	àyk săan
prova (f)	หลักฐาน	làk thăan
provar (vt)	พิสูจน์	phí-sòot
pegada (f)	รอยเท้า	roi tháo
impressões (f pl) digitais	รอยนิ้วมือ	roi níw meu
prova (f)	หลักฐาน	làk thăan
álibi (m)	ข้อแก้ตัว	khôr gâe dtua
inocente (adj)	พ้นผิด	phón phìt
injustiça (f)	ความอยุติธรรม	khwaam a-yút-dtì-tam
injusto (adj)	ไม่เป็นธรรม	mâi bpen-tham
criminal (adj)	อาชญากร	àat-yaa-gon
confiscar (vt)	ยึด	yéut
droga (f)	ยาเสพติด	yaa sàyp dtìt
arma (f)	อาวุธ	aa-wút
desarmar (vt)	ปลดอาวุธ	bplòt aa-wút
ordenar (vt)	ออกคำสั่ง	òrk kham sàng
desaparecer (vi)	หายตัวไป	hăai dtua bpai
lei (f)	กฎหมาย	gòt măai
legal (adj)	ตามกฎหมาย	dtaam gòt măai
ilegal (adj)	ผิดกฎหมาย	phìt gòt măai

responsabilidade (f)	ความรับผิดชอบ	khwaam ráp phìt chôp
responsável (adj)	รับผิดชอบ	ráp phìt chôp

NATUREZA

A Terra. Parte 1

122. Espaço sideral

espaço, cosmo (m)	อวกาศ	a-wá-gàat
espacial, cósmico (adj)	ทางอวกาศ	thang a-wá-gàat
espaço (m) cósmico	อวกาศ	a-wá-gàat
mundo (m)	โลก	lôhk
universo (m)	จักรวาล	jàk-grà-waan
galáxia (f)	ดาราจักร	daa-raa jàk
estrela (f)	ดาว	daao
constelação (f)	กลุ่มดาว	glùm daao
planeta (m)	ดาวเคราะห์	daao khrór
satélite (m)	ดาวเทียม	daao thiam
meteorito (m)	ดาวตก	daao dtòk
cometa (m)	ดาวหาง	daao hǎang
asteroide (m)	ดาวเคราะห์น้อย	daao khrór nói
órbita (f)	วงโคจร	wong khoh-jon
girar (vi)	เวียน	wian
atmosfera (f)	บรรยากาศ	ban-yaa-gàat
Sol (m)	ดวงอาทิตย์	duang aa-thít
Sistema (m) Solar	ระบบสุริยะ	rá-bòp sù-rí-yá
eclipse (m) solar	สุริยุปราคา	sù-rí-yú-bpà-raa-kaa
Terra (f)	โลก	lôhk
Lua (f)	ดวงจันทร์	duang jan
Marte (m)	ดาวอังคาร	daao ang-khaan
Vênus (f)	ดาวศุกร์	daao sùk
Júpiter (m)	ดาวพฤหัส	daao phá-réu-hàt
Saturno (m)	ดาวเสาร์	daao sǎo
Mercúrio (m)	ดาวพุธ	daao phút
Urano (m)	ดาวยูเรนัส	daao-yoo-ray-nát
Netuno (m)	ดาวเนปจูน	daao-nâyp-joon
Plutão (m)	ดาวพลูโต	daao phloo-dtoh
Via Láctea (f)	ทางช้างเผือก	thaang cháang phèuak
Ursa Maior (f)	กลุ่มดาวหมีใหญ่	glùm daao měe yài
Estrela Polar (f)	ดาวเหนือ	daao něua
marciano (m)	ชาวดาวอังคาร	chaao daao ang-khaan
extraterrestre (m)	มนุษย์ต่างดาว	má-nút dtàang daao

alienígena (m)	มนุษย์ต่างดาว	má-nút dtàang daao
disco (m) voador	จานบิน	jaan bin
espaçonave (f)	ยานอวกาศ	yaan a-wá-gàat
estação (f) orbital	สถานีอวกาศ	sà-thăa-nee a-wá-gàat
lançamento (m)	การปล่อยจรวด	gaan bplòi jà-rùat
motor (m)	เครื่องยนต์	khrêuang yon
bocal (m)	ท่อไอพ่น	thôr ai phôn
combustível (m)	เชื้อเพลิง	chéua phlerng
cabine (f)	ที่นั่งคนขับ	thêe nâng khon khàp
antena (f)	เสาอากาศ	săo aa-gàat
vigia (f)	ช่อง	chôrng
bateria (f) solar	อุปกรณ์พลังงานแสงอาทิตย์	ù-bpà-gon phá-lang ngaan săeng aa-thít
traje (m) espacial	ชุดอวกาศ	chút a-wá-gàat
imponderabilidade (f)	สภาพไร้น้ำหนัก	sà-phâap rái nám nàk
oxigênio (m)	อ็อกซิเจน	ók sí jayn
acoplagem (f)	การเทียบท่า	gaan thîap thâa
fazer uma acoplagem	เทียบทา	thîap thâa
observatório (m)	หอดูดาว	hŏr doo daao
telescópio (m)	กล้องโทรทรรศน์	glôrng thoh-rá-thát
observar (vt)	เฝ้าสังเกต	fâo săng-gàyt
explorar (vt)	สำรวจ	săm-rùat

123. A Terra

Terra (f)	โลก	lôhk
globo terrestre (Terra)	ลูกโลก	lôok lôhk
planeta (m)	ดาวเคราะห์	daao khrór
atmosfera (f)	บรรยากาศ	ban-yaa-gàat
geografia (f)	ภูมิศาสตร	phoo-mí-sàat
natureza (f)	ธรรมชาติ	tham-má-châat
globo (mapa esférico)	ลูกโลก	lôok lôhk
mapa (m)	แผนที่	phăen thêe
atlas (m)	หนังสือแผนที่โลก	năng-sĕu phăen thêe lôhk
Europa (f)	ยุโรป	yú-ròhp
Ásia (f)	เอเชีย	ay-chia
África (f)	แอฟริกา	àef-rí-gaa
Austrália (f)	ออสเตรเลีย	òrt-dtray-lia
América (f)	อเมริกา	a-may-rí-gaa
América (f) do Norte	อเมริกาเหนือ	a-may-rí-gaa nĕua
América (f) do Sul	อเมริกาใต้	a-may-rí-gaa dtâi
Antártida (f)	แอนตาร์กติกา	aen-dtàak-dtì-gaa
Ártico (m)	อารักติค	àak-dtìk

124. Pontos cardeais

norte (m)	เหนือ	nĕua
para norte	ทิศเหนือ	thít nĕua
no norte	ที่ภาคเหนือ	thêe phâak nĕua
do norte (adj)	ทางเหนือ	thaang nĕua
sul (m)	ใต้	dtâi
para sul	ทิศใต้	thít dtâi
no sul	ที่ภาคใต้	thêe phâak dtâi
do sul (adj)	ทางใต้	thaang dtâi
oeste, ocidente (m)	ตะวันตก	dtà-wan dtòk
para oeste	ทิศตะวันตก	thít dtà-wan dtòk
no oeste	ที่ภาคตะวันตก	thêe phâak dtà-wan dtòk
ocidental (adj)	ทางตะวันตก	thaang dtà-wan dtòk
leste, oriente (m)	ตะวันออก	dtà-wan òrk
para leste	ทิศตะวันออก	thít dtà-wan òrk
no leste	ที่ภาคตะวันออก	thêe phâak dtà-wan òrk
oriental (adj)	ทางตะวันออก	thaang dtà-wan òrk

125. Mar. Oceano

mar (m)	ทะเล	thá-lay
oceano (m)	มหาสมุทร	má-hăa sà-mùt
golfo (m)	อ่าว	àao
estreito (m)	ช่องแคบ	chôrng khâep
terra (f) firme	พื้นดิน	phéun din
continente (m)	ทวีป	thá-wêep
ilha (f)	เกาะ	gòr
península (f)	คาบสมุทร	khâap sà-mùt
arquipélago (m)	หมู่เกาะ	mòo gòr
baía (f)	อ่าว	àao
porto (m)	ท่าเรือ	thâa reua
lagoa (f)	ลากูน	laa-goon
cabo (m)	แหลม	lăem
atol (m)	อะทอลล์	à-thorn
recife (m)	แนวปะการัง	naew bpà-gaa-rang
coral (m)	ปะการัง	bpà gaa-rang
recife (m) de coral	แนวปะการัง	naew bpà-gaa-rang
profundo (adj)	ลึก	léuk
profundidade (f)	ความลึก	khwaam léuk
abismo (m)	หุบเหวลึก	hùp wăy léuk
fossa (f) oceânica	ร่องลึกก้นสมุทร	rông léuk gôn sà-mùt
corrente (f)	กระแสน้ำ	grà-săe náam
banhar (vt)	ล้อมรอบ	lórm rôrp

litoral (m)	ชายฝั่ง	chaai fàng
costa (f)	ชายฝั่ง	chaai fàng
maré (f) alta	น้ำขึ้น	náam khêun
refluxo (m)	น้ำลง	náam long
restinga (f)	หาดตื้น	hàat dtêun
fundo (m)	กนทะเล	gôn thá-lay
onda (f)	คลื่น	khlêun
crista (f) da onda	มวนคลื่น	múan khlêun
espuma (f)	ฟองคลื่น	forng khlêun
tempestade (f)	พายุ	phaa-yú
furacão (m)	พายุเฮอร์ริเคน	phaa-yú her-rí-khayn
tsunami (m)	คลื่นยักษ์	khlêun yák
calmaria (f)	ภาวะไร้ลมพัด	phaa-wá rái lom phát
calmo (adj)	สงบ	sà-ngòp
polo (m)	ขั้วโลก	khûa lôhk
polar (adj)	ขั้วโลก	khûa lôhk
latitude (f)	เส้นรุ้ง	sên rúng
longitude (f)	เสนแวง	sên waeng
paralela (f)	เส้นขนาน	sên khà-nǎan
equador (m)	เสนศูนย์สูตร	sên sǒon sòot
céu (m)	ท้องฟ้า	thórng fáa
horizonte (m)	ขอบฟ้า	khòrp fáa
ar (m)	อากาศ	aa-gàat
farol (m)	ประภาคาร	bprà-phaa-khaan
mergulhar (vi)	ดำ	dam
afundar-se (vr)	จม	jom
tesouros (m pl)	สมบัติ	sǒm-bàt

126. Nomes de Mares e Oceanos

Oceano (m) Atlântico	มหาสมุทรแอตแลนติก	má-hǎa sà-mùt àet-laen-dtìk
Oceano (m) Índico	มหาสมุทรอินเดีย	má-hǎa sà-mùt in-dia
Oceano (m) Pacífico	มหาสมุทรแปซิฟิก	má-hǎa sà-mùt bpae-sí-fík
Oceano (m) Ártico	มหาสมุทรอาร์คติก	má-hǎa sà-mùt aa-ká-dtìk
Mar (m) Negro	ทะเลดำ	thá-lay dam
Mar (m) Vermelho	ทะเลแดง	thá-lay daeng
Mar (m) Amarelo	ทะเลเหลือง	thá-lay lěuang
Mar (m) Branco	ทะเลขาว	thá-lay khǎao
Mar (m) Cáspio	ทะเลแคสเปียน	thá-lay khâet-bpian
Mar (m) Morto	ทะเลเดดซี	thá-lay dàyt-see
Mar (m) Mediterrâneo	ทะเลเมดิเตอร์เรเนียน	thá-lay may-dì-dtêr-ray-nian
Mar (m) Egeu	ทะเลเอเจี้ยน	thá-lay ay-jîan
Mar (m) Adriático	ทะเลเอเดรียติก	thá-lay ay-day-ree-yá-dtìk
Mar (m) Arábico	ทะเลอาหรับ	thá-lay aa-ràp

Mar (m) do Japão	ทะเลญี่ปุ่น	thá-lay yêe-bpùn
Mar (m) de Bering	ทะเลเบริง	thá-lay bae-rîng
Mar (m) da China Meridional	ทะเลจีนใต้	thá-lay jeen-dtâi
Mar (m) de Coral	ทะเลคอรัล	thá-lay khor-ran
Mar (m) de Tasman	ทะเลแทสมัน	thá-lay thâet man
Mar (m) do Caribe	ทะเลแคริบเบียน	thá-lay khae-ríp-bian
Mar (m) de Barents	ทะเลบาเรนท์	thá-lay baa-rayn
Mar (m) de Kara	ทะเลคารา	thá-lay khaa-raa
Mar (m) do Norte	ทะเลเหนือ	thá-lay něua
Mar (m) Báltico	ทะเลบอลติก	thá-lay bon-dtìk
Mar (m) da Noruega	ทะเลนอรเวย์	thá-lay nor-rá-way

127. Montanhas

montanha (f)	ภูเขา	phoo khǎo
cordilheira (f)	ทิวเขา	thiw khǎo
serra (f)	สันเขา	sǎn khǎo
cume (m)	ยอดเขา	yôrt khǎo
pico (m)	ยอด	yôrt
pé (m)	ตีนเขา	dteun khǎo
declive (m)	ไหลเขา	lài khǎo
vulcão (m)	ภูเขาไฟ	phoo khǎo fai
vulcão (m) ativo	ภูเขาไฟมีพลัง	phoo khǎo fai mee phá-lang
vulcão (m) extinto	ภูเขาไฟที่ดับแล้ว	phoo khǎo fai thêe dàp láew
erupção (f)	ภูเขาไฟระเบิด	phoo khǎo fai rá-bèrt
cratera (f)	ปล่องภูเขาไฟ	bplòng phoo khǎo fai
magma (m)	หินหนืด	hǐn nèut
lava (f)	ลาวา	laa-waa
fundido (lava ~a)	หลอมเหลว	lǒrm lěo
cânion, desfiladeiro (m)	หุบเขาลึก	hùp khǎo léuk
garganta (f)	ซองเขา	chôrng khǎo
fenda (f)	รอยแตกภูเขา	roi dtàek phoo khǎo
precipício (m)	หุบเหวลึก	hùp wǎy léuk
passo, colo (m)	ทางผ่าน	thaang phàan
planalto (m)	ที่ราบสูง	thêe râap sǒong
falésia (f)	หน้าผา	nâa phǎa
colina (f)	เนินเขา	nern khǎo
geleira (f)	ธารน้ำแข็ง	thaan náam khǎeng
cachoeira (f)	น้ำตก	nám dtòk
gêiser (m)	น้ำพุร้อน	nám phú rórn
lago (m)	ทะเลสาบ	thá-lay sàap
planície (f)	ที่ราบ	thêe râap
paisagem (f)	ภูมิทัศน์	phoom thát
eco (m)	เสียงสะท้อน	sǐang sà-thón

alpinista (m)	นักปีนเขา	nák bpeen khăo
escalador (m)	นักไต่เขา	nák dtài khăo
conquistar (vt)	ไต่เขาถึงยอด	dtài khăo thĕung yôt
subida, escalada (f)	การปีนเขา	gaan bpeen khăo

128. Nomes de montanhas

Alpes (m pl)	เทือกเขาแอลป์	thêuak-khăo-aen
Monte Branco (m)	ยอดเขามงบล็อง	yôt khăo mong-bà-lŏng
Pirineus (m pl)	เทือกเขาไพรีนีส	thêuak khăo pai-ree-nêet
Cárpatos (m pl)	เทือกเขาคาร์เพเทียน	thêuak khăo khaa-phay-thian
Urais (m pl)	เทือกเขายูรัล	thêuak khăo yoo-ran
Cáucaso (m)	เทือกเขาคอเคซัส	thêuak khăo khor-khay-sát
Elbrus (m)	ยอดเขาเอลบรุส	yôt khăo ayn-brùt
Altai (m)	เทือกเขาอัลไต	thêuak khăo an-dtai
Tian Shan (m)	เทือกเขาเทียนชาน	thêuak khăo thian-chaan
Pamir (m)	เทือกเขาพาเมียร์	thêuak khăo paa-mia
Himalaia (m)	เทือกเขาหิมาลัย	thêuak khăo hì-maa-lai
monte Everest (m)	ยอดเขาเอเวอเรสต์	yôt khăo ay-wer-râyt
Cordilheira (f) dos Andes	เทือกเขาแอนดีส	thêuak-khăo-aen-dèet
Kilimanjaro (m)	ยอดเขาคิลิมันจาโร	yôt khăo khí-lí-man-jaa-roh

129. Rios

rio (m)	แม่น้ำ	mâe náam
fonte, nascente (f)	แหล่งน้ำแร่	làeng náam râe
leito (m) de rio	เส้นทางแม่น้ำ	sên thaang mâe náam
bacia (f)	ลุ่มน้ำ	lûm náam
desaguar no ...	ไหลไปสู่...	lăi bpai sòo...
afluente (m)	สาขา	săa-khăa
margem (do rio)	ฝั่งแม่น้ำ	fàng mâe náam
corrente (f)	กระแสน้ำ	grà-săe náam
rio abaixo	ตามกระแสน้ำ	dtaam grà-săe náam
rio acima	ทวนน้ำ	thuan náam
inundação (f)	น้ำท่วม	nám thûam
cheia (f)	น้ำท่วม	nám thûam
transbordar (vi)	เอ่อล้น	èr lón
inundar (vt)	ท่วม	thûam
banco (m) de areia	บริเวณน้ำตื้น	bor-rí-wayn nám dtêun
corredeira (f)	กระแสน้ำเชี่ยว	grà-săe nám-chîeow
barragem (f)	เขื่อน	khèuan
canal (m)	คลอง	khlorng
reservatório (m) de água	ที่เก็บกักน้ำ	thêe gèp gàk náam
eclusa (f)	ประตูระบายน้ำ	bprà-dtoo rá-baai náam

corpo (m) de água	พื้นน้ำ	phéun náam
pântano (m)	บึง	beung
lamaçal (m)	ห้วย	hûay
redemoinho (m)	น้ำวน	nám won
riacho (m)	ลำธาร	lam thaan
potável (adj)	น้ำดื่มได้	nám dèum dâai
doce (água)	น้ำจืด	nám jèut
gelo (m)	น้ำแข็ง	nám khǎeng
congelar-se (vr)	แช่แข็ง	châe khǎeng

130. Nomes de rios

rio Sena (m)	แม่น้ำเซน	mâe náam sayn
rio Loire (m)	แม่น้ำลัวร์	mâe-náam lua
rio Tâmisa (m)	แม่น้ำเทมส์	mâe-náam them
rio Reno (m)	แม่น้ำไรน์	mâe-náam rai
rio Danúbio (m)	แม่น้ำดานูบ	mâe-náam daa-nôop
rio Volga (m)	แม่น้ำวอลกา	mâe-náam won-gaa
rio Don (m)	แม่น้ำดอน	mâe-náam don
rio Lena (m)	แม่น้ำลีนา	mâe-náam lee-naa
rio Amarelo (m)	แม่น้ำหวง	mâe-náam hǔang
rio Yangtzé (m)	แม่น้ำแยงซี	mâe-náam yaeng-see
rio Mekong (m)	แม่น้ำโขง	mâe-náam khǒhng
rio Ganges (m)	แม่น้ำคงคา	mâe-náam khong-khaa
rio Nilo (m)	แม่น้ำไนล์	mâe-náam nai
rio Congo (m)	แม่น้ำคองโก	mâe-náam khong-goh
rio Cubango (m)	แม่น้ำ โอคาวังโก	mâe-náam oh-khaa wang goh
rio Zambeze (m)	แม่น้ำแซมบีซี	mâe-náam saem bee see
rio Limpopo (m)	แม่น้ำลิมโปโป	mâe-náam lim-bpoh-bpoh
rio Mississippi (m)	แม่น้ำมิสซิสซิปปี	mâe-náam mít-sít-síp-bpee

131. Floresta

floresta (f), bosque (m)	ป่าไม้	bpàa máai
florestal (adj)	ป่า	bpàa
mata (f) fechada	ป่าทึบ	bpàa théup
arvoredo (m)	ป่าละเมาะ	bpàa lá-mór
clareira (f)	ทุ่งโล่ง	thûng lôhng
matagal (m)	ป่าละเมาะ	bpàa lá-mór
mato (m), caatinga (f)	ป่าละเมาะ	bpàa lá-mór
pequena trilha (f)	ทางเดิน	thaang dern
ravina (f)	ร่องธาร	rông thaan

árvore (f)	ต้นไม้	dtôn máai
folha (f)	ใบไม้	bai máai
folhagem (f)	ใบไม้	bai máai
queda (f) das folhas	ใบไม้ร่วง	bai máai rûang
cair (vi)	ร่วง	rûang
topo (m)	ยอด	yôrt
ramo (m)	กิ่ง	gìng
galho (m)	กานไม้	gâan mái
botão (m)	ยอดอ่อน	yôrt òrn
agulha (f)	เข็ม	khĕm
pinha (f)	ลูกสน	lôok sŏn
buraco (m) de árvore	โพรงไม้	phrohng máai
ninho (m)	รัง	rang
toca (f)	โพรง	phrohng
tronco (m)	ลำต้น	lam dtôn
raiz (f)	ราก	râak
casca (f) de árvore	เปลือกไม้	bplèuak máai
musgo (m)	มอส	môt
arrancar pela raiz	ถอนราก	thŏrn râak
cortar (vt)	โค่น	khôhn
desflorestar (vt)	ตัดไม้ทำลายป่า	dtàt mái tham laai bpàa
toco, cepo (m)	ตอไม	dtor máai
fogueira (f)	กองไฟ	gorng fai
incêndio (m) florestal	ไฟป่า	fai bpàa
apagar (vt)	ดับไฟ	dàp fai
guarda-parque (m)	เจ้าหน้าที่ดูแลป่า	jâo nâa-thêe doo lae bpàa
proteção (f)	การปกป้อง	gaan bpòk bpôrng
proteger (a natureza)	ปกป้อง	bpòk bpôrng
caçador (m) furtivo	นักลอบล่าสัตว์	nák lôrp lâa sàt
armadilha (f)	กับดักเหล็ก	gàp dàk lèk
colher (cogumelos, bagas)	เก็บ	gèp
perder-se (vr)	หลงทาง	lŏng thaang

132. Recursos naturais

recursos (m pl) naturais	ทรัพยากร ธรรมชาติ	sáp-pá-yaa-gon tham-má-châat
minerais (m pl)	แร่	râe
depósitos (m pl)	ตะกอน	dtà-gorn
jazida (f)	บ่อ	bòr
extrair (vt)	ขุดแร่	khùt râe
extração (f)	การขุดแร่	gaan khùt râe
minério (m)	แร่	râe
mina (f)	เหมืองแร่	mĕuang râe
poço (m) de mina	ช่องเหมือง	chôrng mĕuang

mineiro (m)	คนงานเหมือง	khon ngaan mĕuang
gás (m)	แก๊ส	gáet
gasoduto (m)	ท่อแก๊ส	thôr gáet
petróleo (m)	น้ำมัน	nám man
oleoduto (m)	ท่อน้ำมัน	thôr náam man
poço (m) de petróleo	บ่อน้ำมัน	bòr náam man
torre (f) petrolífera	ปั้นจั่นขนาดใหญ่	bpân jàn khà-nàat yài
petroleiro (m)	เรือบรรทุกน้ำมัน	reua ban-thúk nám man
areia (f)	ทราย	saai
calcário (m)	หินปูน	hĭn bpoon
cascalho (m)	กรวด	grùat
turfa (f)	พีต	phêet
argila (f)	ดินเหนียว	din nĭeow
carvão (m)	ถ่านหิน	thàan hĭn
ferro (m)	เหล็ก	lèk
ouro (m)	ทอง	thorng
prata (f)	เงิน	ngern
níquel (m)	นิเกิล	ní-gêrn
cobre (m)	ทองแดง	thorng daeng
zinco (m)	สังกะสี	săng-gà-sĕe
manganês (m)	แมงกานีส	maeng-gaa-nêet
mercúrio (m)	ปรอท	bpa -ròrt
chumbo (m)	ตะกั่ว	dtà-gùa
mineral (m)	แร่	râe
cristal (m)	ผลึก	phà-lèuk
mármore (m)	หินอ่อน	hĭn òrn
urânio (m)	ยูเรเนียม	yoo-ray-niam

A Terra. Parte 2

133. Tempo

tempo (m)	สภาพอากาศ	sà-phâap aa-gàat
previsão (f) do tempo	พยากรณ์	phá-yaa-gon
	สภาพอากาศ	sà-phâap aa-gàat
temperatura (f)	อุณหภูมิ	un-hà-phoom
termômetro (m)	ปรอทวัดอุณหภูมิ	bpà-ròrt wát un-hà-phoom
barômetro (m)	เครื่องวัดความดัน	khrêuang wát khwaam dan
	บรรยากาศ	ban-yaa-gàat
úmido (adj)	ชื้น	chéun
umidade (f)	ความชื้น	khwaam chéun
calor (m)	ความร้อน	khwaam rórn
tórrido (adj)	ร้อน	rórn
está muito calor	มันร้อน	man rórn
está calor	มันอุ่น	man ùn
quente (morno)	อุ่น	ùn
está frio	อากาศเย็น	aa-gàat yen
frio (adj)	เย็น	yen
sol (m)	ดวงอาทิตย์	duang aa-thít
brilhar (vi)	สองแสง	sòrng sǎeng
de sol, ensolarado	มีแสงแดด	mee sǎeng dàet
nascer (vi)	ขึ้น	khêun
pôr-se (vr)	ตก	dtòk
nuvem (f)	เมฆ	mâyk
nublado (adj)	มีเมฆมาก	mee mâyk mâak
nuvem (f) preta	เมฆฝน	mâyk fǒn
escuro, cinzento (adj)	มืดครึ้ม	mêut khréum
chuva (f)	ฝน	fǒn
está a chover	ฝนตก	fǒn dtòk
chuvoso (adj)	ฝนตก	fǒn dtòk
chuviscar (vi)	ฝนปรอย	fòn bproi
chuva (f) torrencial	ฝนตกหนัก	fǒn dtòk nàk
aguaceiro (m)	ฝนห่าใหญ่	fǒn hàa yài
forte (chuva, etc.)	หนัก	nàk
poça (f)	หลุมน้ำ	lòm nám
molhar-se (vr)	เปียก	bpìak
nevoeiro (m)	หมอก	mòrk
de nevoeiro	หมอกจัด	mòrk jàt
neve (f)	หิมะ	hì-má
está nevando	หิมะตก	hì-má dtòk

134. Tempo extremo. Catástrofes naturais

trovoada (f)	พายุฟ้าคะนอง	phaa-yú fáa khá-nong
relâmpago (m)	ฟ้าผา	fáa phàa
relampejar (vi)	แลบ	lâep
trovão (m)	ฟ้าคะนอง	fáa khá-norng
trovejar (vi)	มีฟ้าคะนอง	mee fáa khá-norng
está trovejando	มีฟ้าร้อง	mee fáa rórng
granizo (m)	ลูกเห็บ	lôok hèp
está caindo granizo	มีลูกเห็บตก	mee lôok hèp dtòk
inundar (vt)	ท่วม	thûam
inundação (f)	น้ำท่วม	nám thûam
terremoto (m)	แผ่นดินไหว	phàen din wǎi
abalo, tremor (m)	ไหว	wǎi
epicentro (m)	จุดเหนือศูนย์แผ่นดินไหว	jùt něua sǒon phàen din wǎi
erupção (f)	ภูเขาไฟระเบิด	phoo khǎo fai rá-bèrt
lava (f)	ลาวา	laa-waa
tornado (m)	พายุหมุน	phaa-yú mǔn
tornado (m)	พายุทอร์เนโด	phaa-yú thor-nay-doh
tufão (m)	พายุไต้ฝุ่น	phaa-yú dtâi fùn
furacão (m)	พายุเฮอร์ริเคน	phaa-yú her-rí-khayn
tempestade (f)	พายุ	phaa-yú
tsunami (m)	คลื่นสึนามิ	khlêun sèu-naa-mí
ciclone (m)	พายุไซโคลน	phaa-yú sai-khlohn
mau tempo (m)	อากาศไม่ดี	aa-gàat mâi dee
incêndio (m)	ไฟไหม้	fai mâi
catástrofe (f)	ความหายนะ	khwaam hǎa-yá-ná
meteorito (m)	อุกกาบาต	ùk-gaa-bàat
avalanche (f)	หิมะถล่ม	hì-má thà-lòm
deslizamento (m) de neve	หิมะถลม	hì-má thà-lòm
nevasca (f)	พายุหิมะ	phaa-yú hì-má
tempestade (f) de neve	พายุหิมะ	phaa-yú hì-má

Fauna

135. Mamíferos. Predadores

predador (m)	สัตว์กินเนื้อ	sàt gin néua
tigre (m)	เสือ	sĕua
leão (m)	สิงโต	sĭng dtoh
lobo (m)	หมาป่า	mǎa bpàa
raposa (f)	หมาจิ้งจอก	mǎa jîng-jòk
jaguar (m)	เสือจากัวร์	sĕua jaa-gua
leopardo (m)	เสือดาว	sĕua daao
chita (f)	เสือชีตาห์	sĕua chee-dtaa
pantera (f)	เสือดำ	sĕua dam
puma (m)	สิงโตภูเขา	sĭng-dtoh phoo khǎo
leopardo-das-neves (m)	เสือดาวหิมะ	sĕua daao hì-má
lince (m)	แมวป่า	maew bpàa
coiote (m)	โคโยตี้	khoh-yoh-dtêe
chacal (m)	หมาจิ้งจอกทอง	mǎa jîng-jòk thorng
hiena (f)	ไฮยีนา	hai-yee-naa

136. Animais selvagens

animal (m)	สัตว์	sàt
besta (f)	สัตว์	sàt
esquilo (m)	กระรอก	grà rôk
ouriço (m)	เมน	mâyn
lebre (f)	กระต่ายป่า	grà-dtàai bpàa
coelho (m)	กระต่าย	grà-dtàai
texugo (m)	แบดเจอร์	baet-jer
guaxinim (m)	แร็คคูน	ráek khoon
hamster (m)	หนูแฮมสเตอร์	nǒo haem-sà-dtêr
marmota (f)	มารมอต	maa-môt
toupeira (f)	ตุ่น	dtùn
rato (m)	หนู	nǒo
ratazana (f)	หนู	nǒo
morcego (m)	ค้างคาว	kháang khaao
arminho (m)	เออร์มิน	er-min
zibelina (f)	เซเบิล	say bern
marta (f)	มาร์เทิน	maa thern
doninha (f)	เพียงพอนสีน้ำตาล	phiang phon sĕe nám dtaan
visom (m)	เพียงพอน	phiang phorn

| castor (m) | บีเวอร์ | bee-wer |
| lontra (f) | นาก | nâak |

cavalo (m)	ม้า	máa
alce (m)	กวางมูส	gwaang môot
veado (m)	กวาง	gwaang
camelo (m)	อูฐ	òot

bisão (m)	วัวป่า	wua bpàa
auroque (m)	วัวป่าออรอช	wua bpàa or rôt
búfalo (m)	ควาย	khwaai

zebra (f)	ม้าลาย	máa laai
antílope (m)	แอนทีโลป	aen-thi-lòp
corça (f)	กวางโรเดียร์	gwaang roh-dia
gamo (m)	กวางแฟลโลว์	gwaang flae-loh
camurça (f)	เลียงผา	liang-phăa
javali (m)	หมูป่า	mŏo bpàa

baleia (f)	วาฬ	waan
foca (f)	แมวน้ำ	maew náam
morsa (f)	ช้างน้ำ	cháang náam
urso-marinho (m)	แมวน้ำมีขน	maew náam mee khŏn
golfinho (m)	โลมา	loh-maa

urso (m)	หมี	mĕe
urso (m) polar	หมีขั้วโลก	mĕe khûa lôhk
panda (m)	หมีแพนดา	mĕe phaen-dâa

macaco (m)	ลิง	ling
chimpanzé (m)	ลิงชิมแปนซี	ling chim-bpaen-see
orangotango (m)	ลิงอุรังอุตัง	ling u-rang-u-dtang
gorila (m)	ลิงกอริลลา	ling gor-rin-lâa
macaco (m)	ลิงแม็กแคก	ling mâk-khâk
gibão (m)	ชะนี	chá-nee

elefante (m)	ช้าง	cháang
rinoceronte (m)	แรด	râet
girafa (f)	ยีราฟ	yee-râaf
hipopótamo (m)	ฮิปโปโปเตมัส	híp-bpoh-bpoh-dtay-mát

| canguru (m) | จิงโจ้ | jing-jôh |
| coala (m) | หมีโคอาล่า | mĕe khoh aa lâa |

mangusto (m)	พังพอน	phang phon
chinchila (f)	คินคิลลา	khin-khin laa
cangambá (f)	สกั๊งก์	sà-gang
porco-espinho (m)	เม่น	mâyn

137. Animais domésticos

gata (f)	แมวตัวเมีย	maew dtua mia
gato (m) macho	แมวตัวผู้	maew dtua phôo
cão (m)	สุนัข	sù-nák

cavalo (m)	ม้า	máa
garanhão (m)	ม้าตัวผู้	máa dtua phôo
égua (f)	ม้าตัวเมีย	máa dtua mia
vaca (f)	วัว	wua
touro (m)	กระทิง	grà-thing
boi (m)	วัว	wua
ovelha (f)	แกะตัวเมีย	gàe dtua mia
carneiro (m)	แกะตัวผู้	gàe dtua phôo
cabra (f)	แพะตัวเมีย	pháe dtua mia
bode (m)	แพะตัวผู้	pháe dtua phôo
burro (m)	ลา	laa
mula (f)	ลอ	lôr
porco (m)	หมู	mŏo
leitão (m)	ลูกหมู	lôok mŏo
coelho (m)	กระต่าย	grà-dtàai
galinha (f)	ไก่ตัวเมีย	gài dtua mia
galo (m)	ไกตัวผู้	gài dtua phôo
pata (f), pato (m)	เป็ดตัวเมีย	bpèt dtua mia
pato (m)	เป็ดตัวผู้	bpèt dtua phôo
ganso (m)	หาน	hàan
peru (m)	ไก่งวงตัวผู้	gài nguang dtua phôo
perua (f)	ไกงวงตัวเมีย	gài nguang dtua mia
animais (m pl) domésticos	สัตว์เลี้ยง	sàt líang
domesticado (adj)	เลี้ยง	líang
domesticar (vt)	เชื่อง	chêuang
criar (vt)	ขยายพันธุ์	khà-yăai phan
fazenda (f)	ฟาร์ม	faam
aves (f pl) domésticas	สัตว์ปีก	sàt bpèek
gado (m)	วัวควาย	wua khwaai
rebanho (m), manada (f)	ฝูง	fŏong
estábulo (m)	คอกม้า	khôrk máa
chiqueiro (m)	คอกหมู	khôrk mŏo
estábulo (m)	คอกวัว	khôrk wua
coelheira (f)	คูอกกระต่าย	khôrk grà-dtàai
galinheiro (m)	เลาไก	láo gài

138. Pássaros

pássaro (m), ave (f)	นก	nók
pombo (m)	นกพิราบ	nók phí-râap
pardal (m)	นกกระจิบ	nók grà-jìp
chapim-real (m)	นกติ๊ด	nók dtít
pega-rabuda (f)	นกสาลิกา	nók săa-lí gaa
corvo (m)	นกอีกา	nók ee-gaa

gralha-cinzenta (f)	นกกา	nók gaa
gralha-de-nuca-cinzenta (f)	นกจำพวกกา	nók jam phûak gaa
gralha-calva (f)	นกการูค	nók gaa róok

pato (m)	เป็ด	bpèt
ganso (m)	ห่าน	hàan
faisão (m)	ไก่ฟ้า	gài fáa

águia (f)	นกอินทรี	nók in-see
açor (m)	นกเหยี่ยว	nók yìeow
falcão (m)	นกเหยี่ยว	nók yìeow
abutre (m)	นกแร้ง	nók ráeng
condor (m)	นกแร้งขนาดใหญ่	nók ráeng kà-nàat yài

cisne (m)	นกหงส์	nók hǒng
grou (m)	นกกระเรียน	nók grà rian
cegonha (f)	นกกระสา	nók grà-sǎa

papagaio (m)	นกแก้ว	nók gâew
beija-flor (m)	นกฮัมมิ่งเบิร์ด	nók ham-mîng-bèrt
pavão (m)	นกยูง	nók yoong

avestruz (m)	นกกระจอกเทศ	nók grà-jòrk-thâyt
garça (f)	นกยาง	nók yaang
flamingo (m)	นกฟลามิงโก	nók flaa-ming-goh
pelicano (m)	นกกระทุง	nók-grà-thung

| rouxinol (m) | นกไนติงเกล | nók-nai-dting-gayn |
| andorinha (f) | นกนางแอน | nók naang-àen |

tordo-zornal (m)	นกเดินดง	nók dern dong
tordo-músico (m)	นกเดินดงร้องเพลง	nók dern dong rórng phlayng
melro-preto (m)	นกเดินดงสีดำ	nók-dern-dong sěe dam

andorinhão (m)	นกแอ่น	nók àen
cotovia (f)	นกลารค	nók lâak
codorna (f)	นกคุม	nók khûm

pica-pau (m)	นกหัวขวาน	nók hǔa khwǎan
cuco (m)	นกดุเหวา	nók dù hǎy wâa
coruja (f)	นกฮูก	nók hôok
bufo-real (m)	นกเค้าใหญ่	nók kháo yài
tetraz-grande (m)	ไก่ป่า	gài bpàa
tetraz-lira (m)	ไก่ดำ	gài dam
perdiz-cinzenta (f)	นกกระทา	nók-grà-thaa

estorninho (m)	นกกิ้งโครง	nók-gîng-khrohng
canário (m)	นกขมิ้น	nók khà-mîn
galinha-do-mato (f)	ไก่น้ำตาล	gài nám dtaan

| tentilhão (m) | นกจาบ | nók-jàap |
| dom-fafe (m) | นกบูลฟินช์ | nók boon-fin |

gaivota (f)	นกนางนวล	nók naang-nuan
albatroz (m)	นกอัลบาทรอส	nók an-baa-thrôt
pinguim (m)	นกเพนกวิน	nók phayn-gwin

139. Peixes. Animais marinhos

brema (f)	ปลาบรีม	bplaa bpreem
carpa (f)	ปลาคารป์	bplaa khâap
perca (f)	ปลาเพิร์ช	bplaa phêrt
siluro (m)	ปลาดุก	bplaa-dùk
lúcio (m)	ปลาไพค์	bplaa phai
salmão (m)	ปลาแซลมอน	bplaa saen-morn
esturjão (m)	ปลาสเตอร์เจียน	bpláa sà-dtêr jian
arenque (m)	ปลาเฮอร์ริง	bplaa her-ring
salmão (m) do Atlântico	ปลาแซลมอนแอตแลนติก	bplaa saen-mon àet-laen-dtìk
cavala, sarda (f)	ปลาซาบะ	bplaa saa-bà
solha (f), linguado (m)	ปลาลิ้นหมา	bplaa lín-mǎa
lúcio perca (m)	ปลาไพค์เพิร์ช	bplaa phái phert
bacalhau (m)	ปลาค็อด	bplaa khót
atum (m)	ปลาทูน่า	bplaa thoo-nâa
truta (f)	ปลาเทราท์	bplaa thrau
enguia (f)	ปลาไหล	bplaa lǎi
raia (f) elétrica	ปลากระเบนไฟฟ้า	bplaa grà-bayn-fai-fáa
moreia (f)	ปลาไหลมอเรย์	bplaa lǎi mor-ray
piranha (f)	ปลาปิรันยา	bplaa bpì-ran-yâa
tubarão (m)	ปลาฉลาม	bplaa chà-lǎam
golfinho (m)	โลมา	loh-maa
baleia (f)	วาฬ	waan
caranguejo (m)	ปู	bpoo
água-viva (f)	แมงกะพรุน	maeng gà-phrun
polvo (m)	ปลาหมึก	bplaa mèuk
estrela-do-mar (f)	ปลาดาว	bplaa daao
ouriço-do-mar (m)	หอยเมน	hǒi mâyn
cavalo-marinho (m)	ม้าน้ำ	máa nám
ostra (f)	หอยนางรม	hǒi naang rom
camarão (m)	กุ้ง	gûng
lagosta (f)	กุ้งมังกร	gûng mang-gon
lagosta (f)	กุ้งมังกร	gûng mang-gon

140. Anfíbios. Répteis

cobra (f)	งู	ngoo
venenoso (adj)	พิษ	phít
víbora (f)	งูแมวเซา	ngoo maew sao
naja (f)	งูเห่า	ngoo hào
píton (m)	งูเหลือม	ngoo lěuam
jiboia (f)	งูโบอา	ngoo boh-aa
cobra-de-água (f)	งูเล็กที่ไม่เป็น อันตราย	ngoo lék thêe mâi bpen an-dtà-raai

cascavel (f)	งูหางกระดิ่ง	ngoo hăang grà-dìng
anaconda (f)	งูอนาคอนดา	ngoo a -naa-khon-daa
lagarto (m)	กิ้งก่า	gîng-gàa
iguana (f)	อีกัวนา	ee gua naa
varano (m)	กิ้งกามอนิเตอร์	gîng-gàa mor-ní-dtêr
salamandra (f)	ซาลาแมนเดอร์	saa-laa-maen-dêr
camaleão (m)	กิ้งกาคามีเลียน	gîng-gàa khaa-mí-lian
escorpião (m)	แมงป่อง	maeng bpòrng
tartaruga (f)	เต่า	dtào
rã (f)	กบ	gòp
sapo (m)	คางคก	khaang-kók
crocodilo (m)	จระเข้	jor-rá-khây

141. Insetos

inseto (m)	แมลง	má-laeng
borboleta (f)	ผีเสื้อ	phĕe sêua
formiga (f)	มด	mót
mosca (f)	แมลงวัน	má-laeng wan
mosquito (m)	ยุง	yung
escaravelho (m)	แมลงปีกแข็ง	má-laeng bpèek khăeng
vespa (f)	ต่อ	dtòr
abelha (f)	ผึ้ง	phêung
mamangaba (f)	ผึ้งบัมเบิลบี	phêung bam-bern bee
moscardo (m)	เหลือบ	lèuap
aranha (f)	แมงมุม	maeng mum
teia (f) de aranha	ใยแมงมุม	yai maeng mum
libélula (f)	แมลงปอ	má-laeng bpor
gafanhoto (m)	ตั๊กแตน	dták-gà-dtaen
traça (f)	ผีเสื้อกลางคืน	phĕe sêua glaang kheun
barata (f)	แมลงสาบ	má-laeng sàap
carrapato (m)	เห็บ	hèp
pulga (f)	หมัด	màt
borrachudo (m)	ริ้น	rín
gafanhoto (m)	ตั๊กแตน	dták-gà-dtaen
caracol (m)	หอยทาก	hŏi thâak
grilo (m)	จิ้งหรีด	jîng-rèet
pirilampo, vaga-lume (m)	หิ่งหอย	hìng-hôi
joaninha (f)	แมลงเต่าทอง	má-laeng dtào thorng
besouro (m)	แมงอีนูน	maeng ee noon
sanguessuga (f)	ปลิง	bpling
lagarta (f)	บุ้ง	bûng
minhoca (f)	ไส้เดือน	sâi deuan
larva (f)	ตัวอ่อน	dtua òrn

Flora

142. Árvores

árvore (f)	ต้นไม้	dtôn máai
decídua (adj)	ผลัดใบ	phlàt bai
conífera (adj)	สน	sŏn
perene (adj)	ซึ่งเขียวชอุ่ม ตลอดปี	sêung khĭeow chá-ùm dtà-lòrt bpee
macieira (f)	ต้นแอปเปิ้ล	dtôn àep-bpêrn
pereira (f)	ต้นแพร	dtôn phae
cerejeira (f)	ต้นเชอร์รี่ป่า	dtôn cher-rêe bpàa
ginjeira (f)	ต้นเชอร์รี่	dtôn cher-rêe
ameixeira (f)	ตนพลัม	dtôn phlam
bétula (f)	ต้นเบิร์ช	dtôn bèrt
carvalho (m)	ต้นโอ๊ค	dtôn óhk
tília (f)	ตนไมดอกเหลือง	dtôn máai dòrk lĕuang
choupo-tremedor (m)	ต้นแอสเพน	dtôn ae sà-phayn
bordo (m)	ตนเมเปิ้ล	dtôn may bpêrn
espruce (m)	ต้นเฟอร์	dtôn fer
pinheiro (m)	ต้นเกียะ	dtôn gía
alerce, lariço (m)	ตนลารช	dtôn lâat
abeto (m)	ต้นเฟอร์	dtôn fer
cedro (m)	ตนซีดาร	dtôn-see-daa
choupo, álamo (m)	ต้นปอปลาร์	dtôn bpor-bplaa
tramazeira (f)	ตนโรแวน	dtôn-roh-waen
salgueiro (m)	ต้นวิลโลว์	dtôn win-loh
amieiro (m)	ตนอัลเดอร์	dtôn an-dêr
faia (f)	ต้นบีช	dtôn bèet
ulmeiro, olmo (m)	ตนเอลม	dtôn elm
freixo (m)	ต้นแอช	dtôn aesh
castanheiro (m)	ตนเกาลัด	dtôn gao lát
magnólia (f)	ต้นแมกโนเลีย	dtôn mâek-noh-lia
palmeira (f)	ต้นปาลม	dtôn bpaam
cipreste (m)	ตนไซเปรส	dtôn-sai-bpràyt
mangue (m)	ต้นโกงกาง	dtôn gohng gaang
embondeiro, baobá (m)	ต้นเบาบับ	dtôn bao-bàp
eucalipto (m)	ต้นยูคาลิปตัส	dtôn yoo-khaa-líp-dtàt
sequoia (f)	ตนสนซีค้วยา	dtôn sŏn see kua yaa

143. Arbustos

arbusto (m)	พุ่มไม้	phûm máai
arbusto (m), moita (f)	ต้นไม้พุ่ม	dtôn máai phûm
videira (f)	ต้นองุ่น	dtôn a-ngùn
vinhedo (m)	ไร่องุ่น	râi a-ngùn
framboeseira (f)	พุ่มราสเบอร์รี่	phûm râat-ber-rêe
groselheira-negra (f)	พุ่มแบล็คเคอร์แรนท์	phûm blàek-khêr-raen
groselheira-vermelha (f)	พุ่มเรดเคอร์แรนท์	phûm râyt-khêr-raen
groselheira (f) espinhosa	พุ่มกูสเบอร์รี่	phûm gòot-ber-rêe
acácia (f)	ต้นอาเคเซีย	dtôn aa-khay-chia
bérberis (f)	ต้นบาร์เบอร์รี่	dtôn baa-ber-rêe
jasmim (m)	มะลิ	má-lí
junípero (m)	ต้นจูนิเปอร์	dtôn joo-ní-bper
roseira (f)	พุ่มกุหลาบ	phûm gù làap
roseira (f) brava	พุ่มดอกโรส	phûm dòrk-rôht

144. Frutos. Bagas

fruta (f)	ผลไม้	phŏn-lá-máai
frutas (f pl)	ผลไม้	phŏn-lá-máai
maçã (f)	แอปเปิ้ล	àep-bpêrn
pera (f)	ลูกแพร	lôok phae
ameixa (f)	พลัม	phlam
morango (m)	สตรอว์เบอร์รี่	sà-dtror-ber-rêe
ginja (f)	เชอร์รี่	cher-rêe
cereja (f)	เชอร์รี่ป่า	cher-rêe bpàa
uva (f)	องุ่น	a-ngùn
framboesa (f)	ราสเบอร์รี่	râat-ber-rêe
groselha (f) negra	แบล็คเคอร์แรนท์	blàek khêr-raen
groselha (f) vermelha	เรดเคอร์แรนท์	râyt-khêr-raen
groselha (f) espinhosa	กูสเบอร์รี่	gòot-ber-rêe
oxicoco (m)	แครนเบอร์รี่	khraen-ber-rêe
laranja (f)	ส้ม	sôm
tangerina (f)	สมแมนดาริน	sôm maen daa rin
abacaxi (m)	สับปะรด	sàp-bpà-rót
banana (f)	กล้วย	glûay
tâmara (f)	อินทผลัม	in-thá-phâ-lam
limão (m)	เลมอน	lay-mon
damasco (m)	แอปริคอท	ae-bprì-khôrt
pêssego (m)	ลูกท้อ	lôok thór
quiuí (m)	กีวี	gee wee
toranja (f)	สมโอ	sôm oh
baga (f)	เบอร์รี่	ber-rêe

bagas (f pl)	เบอร์รี่	ber-rêe
arando (m) vermelho	คาวเบอร์รี่	khaao-ber-rêe
morango-silvestre (m)	สตรอวเบอร์รี่ป่า	sá-dtrorw ber-rêe bpàa
mirtilo (m)	บิลเบอร์รี่	bil-ber-rêe

145. Flores. Plantas

flor (f)	ดอกไม้	dòrk máai
buquê (m) de flores	ช่อดอกไม้	chôr dòrk máai
rosa (f)	ดอกกุหลาบ	dòrk gù làap
tulipa (f)	ดอกทิวลิป	dòrk thiw-líp
cravo (m)	ดอกคาร์เนชั่น	dòrk khaa-nay-chân
gladíolo (m)	ดอกแกลดิโอลัส	dòrk gaen-dì-oh-lát
centáurea (f)	ดอกคอร์นฟลาวเวอร์	dòrk khon-flaao-wer
campainha (f)	ดอกระฆัง	dòrk rá-khang
dente-de-leão (m)	ดอกแดนดิไลออน	dòrk daen-dì-lai-on
camomila (f)	ดอกคาโมมายล์	dòrk khaa-moh maai
aloé (m)	ว่านหางจระเข้	wâan-hăang-jor-rá-khây
cacto (m)	ตะบองเพชร	dtà-bong-phét
fícus (m)	ตนเลียบ	dtôn lîap
lírio (m)	ดอกลิลลี่	dòrk lí-lêe
gerânio (m)	ดอกเจอราเนียม	dòrk jer-raa-niam
jacinto (m)	ดอกไฮอะซินท์	dòrk hai-a-sin
mimosa (f)	ดอกไมยราบ	dòrk mai râap
narciso (m)	ดอกนาร์ซิสซัส	dòrk naa-sít-sát
capuchinha (f)	ดอกแนสเตอร์ชัม	dòrk nâet-dtêr-cham
orquídea (f)	ดอกกล้วยไม้	dòrk glûay máai
peônia (f)	ดอกโบตั๋น	dòrk boh-dtăn
violeta (f)	ดอกไวโอเล็ต	dòrk wai-oh-lét
amor-perfeito (m)	ดอกแพนซี	dòrk phaen-see
não-me-esqueças (m)	ดอกฟอร์เก็ตมีน็อต	dòrk for-gèt-mee-nót
margarida (f)	ดอกเดซี่	dòrk day see
papoula (f)	ดอกป๊อปปี้	dòrk bpóp-bpêe
cânhamo (m)	กัญชา	gan chaa
hortelã, menta (f)	สะระแหน่	sà-rá-nàe
lírio-do-vale (m)	ดอกลิลลี่แห่งหุบเขา	dòrk lí-lá-lêe hàeng hùp khăo
campânula-branca (f)	ดอกหยาดหิมะ	dòrk yàat hì-má
urtiga (f)	ตำแย	dtam-yae
azedinha (f)	ซอร์เรล	sor-rayn
nenúfar (m)	บัว	bua
samambaia (f)	เฟิร์น	fern
líquen (m)	ไลเคน	lai-khayn
estufa (f)	เรือนกระจก	reuan grà-jòk
gramado (m)	สนามหญ้า	sà-năam yâa

canteiro (m) de flores	สนามดอกไม้	sà-nǎam-dòrk-máai
planta (f)	พืช	phêut
grama (f)	หญ้า	yâa
folha (f) de grama	ใบหญ้า	bai yâa

folha (f)	ใบไม้	bai máai
pétala (f)	กลีบดอก	glèep dòrk
talo (m)	ลำต้น	lam dtôn
tubérculo (m)	หัวใต้ดิน	hǔa dtâi din

| broto, rebento (m) | ต้นอ่อน | dtôn òrn |
| espinho (m) | หนาม | nǎam |

florescer (vi)	บาน	baan
murchar (vi)	เหี่ยว	hìeow
cheiro (m)	กลิ่น	glìn
cortar (flores)	ตัด	dtàt
colher (uma flor)	เด็ด	dèt

146. Cereais, grãos

grão (m)	เมล็ด	má-lét
cereais (plantas)	ธัญพืช	than-yá-phêut
espiga (f)	รวงข้าว	ruang khâao

trigo (m)	ข้าวสาลี	khâao sǎa-lee
centeio (m)	ข้าวไรย์	khâao rai
aveia (f)	ข้าวโอ๊ต	khâao óht
painço (m)	ข้าวฟ่าง	khâao fâang
cevada (f)	ข้าวบาร์เลย์	khâao baa-lây

milho (m)	ข้าวโพด	khâao-phôht
arroz (m)	ข้าว	khâao
trigo-sarraceno (m)	บัควีท	bàk-wêet

ervilha (f)	ถั่วลันเตา	thùa-lan-dtao
feijão (m) roxo	ถั่วรูปไต	thùa rôop dtai
soja (f)	ถั่วเหลือง	thùa lěuang
lentilha (f)	ถั่วเลนทิล	thùa layn thin
feijão (m)	ถั่ว	thùa

PAÍSES. NACIONALIDADES

147. Europa Ocidental

Europa (f)	ยุโรป	yú-ròhp
União (f) Europeia	สหภาพยุโรป	sà-hà phâap yú-rôhp
Áustria (f)	ประเทศออสเตรีย	bprà-thâyt òt-dtria
Grã-Bretanha (f)	บริเตนใหญ่	brì-dtayn yài
Inglaterra (f)	ประเทศอังกฤษ	bprà-thâyt ang-grìt
Bélgica (f)	ประเทศเบลเยียม	bprà-thâyt bayn-yiam
Alemanha (f)	ประเทศเยอรมนี	bprà-thâyt yer-rá-ma-nee
Países Baixos (m pl)	ประเทศเนเธอร์แลนด์	bprà-thâyt nay-ther-laen
Holanda (f)	ประเทศฮอลแลนด์	bprà-thâyt hon-laen
Grécia (f)	ประเทศกรีซ	bprà-thâyt grèet
Dinamarca (f)	ประเทศเดนมาร์ก	bprà-thâyt dayn-màak
Irlanda (f)	ประเทศไอร์แลนด์	bprà-thâyt ai-laen
Islândia (f)	ประเทศไอซ์แลนด์	bprà-thâyt ai-laen
Espanha (f)	ประเทศสเปน	bprà-thâyt sà-bpayn
Itália (f)	ประเทศอิตาลี	bprà-thâyt i-dtaa-lee
Chipre (m)	ประเทศไซปรัส	bprà-thâyt sai-bpràt
Malta (f)	ประเทศมอลตา	bprà-thâyt mon-dtaa
Noruega (f)	ประเทศนอร์เวย์	bprà-thâyt nor-way
Portugal (m)	ประเทศโปรตุเกส	bprà-thâyt bproh-dtù-gàyt
Finlândia (f)	ประเทศฟินแลนด์	bprà-thâyt fin-laen
França (f)	ประเทศฝรั่งเศส	bprà-thâyt fà-ràng-sàyt
Suécia (f)	ประเทศสวีเดน	bprà-thâyt sà-wĕe-dayn
Suíça (f)	ประเทศสวิตเซอร์แลนด์	bprà-thâyt sà-wìt-sêr-laen
Escócia (f)	ประเทศสก็อตแลนด์	bprà-thâyt sà-gòt-laen
Vaticano (m)	นครรัฐวาติกัน	ná-khon rát waa-dtì-gan
Liechtenstein (m)	ประเทศลิกเตนสไตน์	bprà-thâyt lík-tay-ná-sà-dtai
Luxemburgo (m)	ประเทศลักเซมเบิรก	bprà-thâyt lák-saym-bèrk
Mônaco (m)	ประเทศโมนาโก	bprà-thâyt moh-naa-goh

148. Europa Central e de Leste

Albânia (f)	ประเทศแอลเบเนีย	bprà-thâyt aen-bay-nia
Bulgária (f)	ประเทศบัลแกเรีย	bprà-thâyt ban-gae-ria
Hungria (f)	ประเทศฮังการี	bprà-thâyt hang-gaa-ree
Letônia (f)	ประเทศลัตเวีย	bprà-thâyt lát-wia
Lituânia (f)	ประเทศลิทัวเนีย	bprà-thâyt lí-thua-nia
Polônia (f)	ประเทศโปแลนด์	bprà-thâyt bpoh-laen

Romênia (f)	ประเทศโรมาเนีย	bprà-thâyt roh-maa-nia
Sérvia (f)	ประเทศเซอร์เบีย	bprà-thâyt sêr-bia
Eslováquia (f)	ประเทศสโลวาเกีย	bprà-thâyt sà-loh-waa-gia
Croácia (f)	ประเทศโครเอเชีย	bprà-thâyt khroh-ay-chia
República (f) Checa	ประเทศเช็กเกีย	bprà-thâyt chék-gia
Estônia (f)	ประเทศเอสโตเนีย	bprà-thâyt àyt-dtoh-nia
Bósnia e Herzegovina (f)	ประเทศบอสเนีย และเฮอร์เซโกวีนา	bprà-thâyt bòt-nia láe her-say-goh-wí-naa
Macedônia (f)	ประเทศมาซิโดเนีย	bprà-thâyt maa-sí-doh-nia
Eslovênia (f)	ประเทศสโลวีเนีย	bprà-thâyt sà-loh-wee-nia
Montenegro (m)	ประเทศ มอนเตเนโกร	bprà-thâyt mon-dtay-nay-groh

149. Países da ex-URSS

Azerbaijão (m)	ประเทศอาเซอร์ไบจาน	bprà-thâyt aa-sêr-bai-jaan
Armênia (f)	ประเทศอารเมเนีย	bprà-thâyt aa-may-nia
Belarus	ประเทศเบลารุส	bprà-thâyt blao-rút
Geórgia (f)	ประเทศจอร์เจีย	bprà-thâyt jor-jia
Cazaquistão (m)	ประเทศคาซัคสถาน	bprà-thâyt khaa-sák-sà-thăan
Quirguistão (m)	ประเทศ คีร์กีซสถาน	bprà-thâyt khee-gèet--à-thăan
Moldávia (f)	ประเทศมอลโดวา	bprà-thâyt mon-doh-waa
Rússia (f)	ประเทศรัสเซีย	bprà-thâyt rát-sia
Ucrânia (f)	ประเทศยูเครน	bprà-thâyt yoo-khrayn
Tajiquistão (m)	ประเทศทาจิกิสถาน	bprà-thâyt thaa-jì-gìt-thăan
Turquemenistão (m)	ประเทศ เติร์กเมนิสถาน	bprà-thâyt dtèrk-may-nít-thăan
Uzbequistão (f)	ประเทศอุซเบกิสถาน	bprà-thâyt ùt-bay-gìt-thăan

150. Asia

Ásia (f)	เอเชีย	ay-chia
Vietnã (m)	ประเทศเวียดนาม	bprà-thâyt wîat-naam
Índia (f)	ประเทศอินเดีย	bprà-thâyt in-dia
Israel (m)	ประเทศอิสราเอล	bprà-thâyt ìt-sà-răa-ayn
China (f)	ประเทศจีน	bprà-thâyt jeen
Líbano (m)	ประเทศเลบานอน	bprà-thâyt lay-baa-non
Mongólia (f)	ประเทศมองโกเลีย	bprà-thâyt mong-goh-lia
Malásia (f)	ประเทศมาเลเชีย	bprà-thâyt maa-lay-sia
Paquistão (m)	ประเทศปากีสถาน	bprà-thâyt bpaa-gèet-thăan
Arábia (f) Saudita	ประเทศ ซาอุดีอาระเบีย	bprà-thâyt saa-u-dì aa-ra--bia
Tailândia (f)	ประเทศไทย	bprà-tâyt thai

Taiwan (m)	ไต้หวัน	dtâi-wăn
Turquia (f)	ประเทศตุรกี	bprà-thâyt dtù-rá-gee
Japão (m)	ประเทศญี่ปุ่น	bprà-thâyt yêe-bpùn
Afeganistão (m)	ประเทศอัฟกานิสถาน	bprà-thâyt àf-gaa-nít-thăan
Bangladesh (m)	ประเทศบังคลาเทศ	bprà-thâyt bang-khlaa-thâyt
Indonésia (f)	ประเทศอินโดนีเซีย	bprà-thâyt in-doh-nee-sia
Jordânia (f)	ประเทศจอรแดน	bprà-thâyt jor-daen
Iraque (m)	ประเทศอิรัก	bprà-thâyt i-rák
Irã (m)	ประเทศอิหราน	bprà-thâyt i-ràan
Camboja (f)	ประเทศกัมพูชา	bprà-thâyt gam-phoo-chaa
Kuwait (m)	ประเทศคูเวต	bprà-thâyt khoo-wâyt
Laos (m)	ประเทศลาว	bprà-thâyt laao
Birmânia (f)	ประเทศเมียนมาร์	bprà-thâyt mian-maa
Nepal (m)	ประเทศเนปาล	bprà-thâyt nay-bpaan
Emirados Árabes Unidos	สหรัฐอาหรับเอมิเรตส์	sà-hà-rát aa-ràp ay-mí-râyt
Síria (f)	ประเทศซีเรีย	bprà-thâyt see-ria
Palestina (f)	ปาเลสไตน์	bpaa-lâyt-dtai
Coreia (f) do Sul	เกาหลีใต้	gao-lĕe dtâi
Coreia (f) do Norte	เกาหลีเหนือ	gao-lĕe nĕua

151. América do Norte

Estados Unidos da América	สหรัฐอเมริกา	sà-hà-rát a-may-rí-gaa
Canadá (m)	ประเทศแคนาดา	bprà-thâyt khae-naa-daa
México (m)	ประเทศเม็กซิโก	bprà-thâyt mék-sí-goh

152. América Central do Sul

Argentina (f)	ประเทศอาร์เจนตินา	bprà-thâyt aa-jayn-dtì-naa
Brasil (m)	ประเทศบราซิล	bprà-thâyt braa-sin
Colômbia (f)	ประเทศโคลัมเบีย	bprà-thâyt khoh-lam-bia
Cuba (f)	ประเทศคิวบา	bprà-thâyt khiw-baa
Chile (m)	ประเทศชิลี	bprà-thâyt chí-lee
Bolívia (f)	ประเทศโบลิเวีย	bprà-thâyt boh-lí-wia
Venezuela (f)	ประเทศเวเนซุเอลา	bprà-thâyt way-nay-sú-ay-laa
Paraguai (m)	ประเทศปารากวัย	bprà-thâyt bpaa-raa-gwai
Peru (m)	ประเทศเปรู	bprà-thâyt bpay-roo
Suriname (m)	ประเทศซูรินาม	bprà-thâyt soo-rí-naam
Uruguai (m)	ประเทศอุรุกวัย	bprà-thâyt u-rúk-wai
Equador (m)	ประเทศเอกวาดอร์	bprà-thâyt ay-gwaa-dor
Bahamas (f pl)	ประเทศบาฮามาส	bprà-thâyt baa-haa-mâat
Haiti (m)	ประเทศเฮติ	bprà-thâyt hay-dtì
República Dominicana	สาธารณรัฐ โดมินิกัน	săa-thaa-rá-ná rát doh-mí-ní-gan

Panamá (m)	ประเทศปานามา	bprà-thâyt bpaa-naa-maa
Jamaica (f)	ประเทศจาเมกา	bprà-thâyt jaa-may-gaa

153. Africa

Egito (m)	ประเทศอียิปต์	bprà-thâyt bprà-thâyt ee-yíp
Marrocos	ประเทศมอร์อคโค	bprà-thâyt mor-rók-khoh
Tunísia (f)	ประเทศตูนิเซีย	bprà-thâyt dtoo-ní-sia
Gana (f)	ประเทศกานา	bprà-thâyt gaa-naa
Zanzibar (m)	ประเทศแซนซิบาร์	bprà-thâyt saen-sí-baa
Quênia (f)	ประเทศเคนยา	bprà-thâyt khayn-yâa
Líbia (f)	ประเทศลิเบีย	bprà-thâyt lí-bia
Madagascar (m)	ประเทศมาดากัสการ์	bprà-thâyt maa-daa-gàt-gaa
Namíbia (f)	ประเทศนามิเบีย	bprà-thâyt naa-mí-bia
Senegal (m)	ประเทศเซเนกัล	bprà-thâyt say-nay-gan
Tanzânia (f)	ประเทศแทนซาเนีย	bprà-thâyt thaen-saa-nia
África (f) do Sul	ประเทศแอฟริกาใต้	bprà-thâyt àef-rí-gaa dtâi

154. Austrália. Oceania

Austrália (f)	ประเทศออสเตรเลีย	bprà-thâyt òt-dtray-lia
Nova Zelândia (f)	ประเทศนิวซีแลนด์	bprà-thâyt niw-see-laen
Tasmânia (f)	ประเทศแทสเมเนีย	bprà-thâyt thâet-may-nia
Polinésia (f) Francesa	เฟรนช์โปลินีเซีย	frayn-bpoh-lí-nee-sia

155. Cidades

Amesterdã, Amsterdã	อัมสเตอร์ดัม	am-sà-dtêr-dam
Ancara	อังคารา	ang-khaa-raa
Atenas	เอเธนส์	ay-thayn
Bagdade	แบกแดด	bàek-dàet
Bancoque	กรุงเทพฯ	grung thâyp
Barcelona	บาร์เซโลนา	baa-say-loh-naa
Beirute	เบรุต	bay-rút
Berlim	เบอร์ลิน	ber-lin
Bonn	บอนน์	bon
Bordéus	บอร์โด	bor doh
Bratislava	บราติสลาวา	braa-dtìt-laa-waa
Bruxelas	บรัสเซล	bràt-sayn
Bucareste	บูคาเรสต์	boo-khaa-râyt
Budapeste	บูดาเปส	boo-daa-bpàyt
Cairo	ไคโร	khai-roh
Calcutá	คัลคัตตา	khan-khát-dtaa
Chicago	ชิคาโก	chí-khaa-goh

Cidade do México	เม็กซิโกซิตี้	mék-sí-goh sí-dtêe
Copenhague	โคเปนเฮเกน	khoh-bpayn-hay-gayn
Dar es Salaam	ดารเอสซาลาม	daa àyt saa laam
Deli	เดลี	day-lee
Dubai	ดูไบ	doo-bai
Dublim	ดับลิน	dàp-lin
Düsseldorf	ดุสเซลดอร์ฟ	dùt-sayn-dòf
Estocolmo	สต็อกโฮลม	sà-dtòk-hohm
Florença	ฟลอเรนซ์	flor-rayn
Frankfurt	แฟรงค์เฟิร์ท	fraeng-fêrt
Genebra	เจนีวา	jay-nee-waa
Haia	เดอะเฮก	dùh hêyk
Hamburgo	แฮมเบิร์ก	haem-bèrk
Hanói	ฮานอย	haa-noi
Havana	ฮาวานา	haa waa-naa
Helsinque	เฮลซิงกิ	hayn-sing-gì
Hiroshima	ฮิโรชิมา	hí-roh-chí-mâa
Hong Kong	ฮองกง	hôrng-gong
Istambul	อิสตันบูล	ìt-dtan-boon
Jerusalém	เยรูซาเลม	yay-roo-saa-laym
Kiev, Quieve	เคียฟ	khîaf
Kuala Lumpur	กัวลาลัมเปอร์	gua-laa lam-bper
Lion	ลียง	lee-yong
Lisboa	ลิสบอน	lít-bon
Londres	ลอนดอน	lon-don
Los Angeles	ลอสแองเจลิส	lôt-aeng-jay-lít
Madrid	มาดริด	maa-drìt
Marselha	มารกเซย	màak-soie
Miami	ไมอามี่	mai-aa-mêe
Montreal	มอนทรีออล	mon-three-on
Moscou	มอสโกว	mor-sà-goh
Mumbai	มุมไบ	mum-bai
Munique	มิวนิค	miw-ník
Nairóbi	ไนโรบี	nai-roh-bee
Nápoles	เนเปิลส์	nay-bpern
Nice	นิซ	nít
Nova York	นิวยอร์ค	niw-yôk
Oslo	ออสโล	òrt-loh
Ottawa	อ็อตตาวา	òt-dtaa-waa
Paris	ปารีส	bpaa-rêet
Pequim	ปักกิ่ง	bpàk-gìng
Praga	ปราก	bpràak
Rio de Janeiro	ริโอเอจาเนโร	rí-oh-ay jaa-nay-roh
Roma	โรม	rohm
São Petersburgo	เซนต์ปิเตอร์สเบิร์ก	sayn bpì-dtèrt-bèrk
Seul	โซล	sohn
Singapura	สิงคโปร์	sǐng-khá-bpoh
Sydney	ซิดนีย	sít-nee

Taipé	ไทเป	thai-bpay
Tóquio	โตเกียว	dtoh-gieow
Toronto	โตรอนโต	dtoh-ron-dtoh
Varsóvia	วอร์ซอว์	wor-sor
Veneza	เวนิส	way-nít
Viena	เวียนนา	wian-naa
Washington	วอชิงตัน	wor ching dtan
Xangai	เซี่ยงไฮ	sîang-hái

www.ingramcontent.com/pod-product-compliance
Lightning Source LLC
LaVergne TN
LVHW051740080426
835511LV00018B/3169